岩波現代文庫
学術 57

飯田 真・中井久夫

天才の精神病理

科学的創造の秘密

岩波書店

目次

序にかえて

科学者のうみだす世界は全く非個性的な知的産物であって、われわれ精神医学者などの立ち入る余地はないようにみえる。たしかに科学者の発見する事実あるいは法則は、何よりもまず超個人的な客観性が要請されることは自明であろう。しかし成立の事情に即してみるならば、科学的世界もまたそれをうみだす科学者の個性の強烈な刻印をうけていることが明らかとなる。それどころか人が科学と出会い、科学者となり、科学的業績をうみだしてゆく過程は最も個性的な人間のドラマなのではなかろうか。このような意味で、天才的科学者の自己形成の歴史、その学問の個性的特徴、彼らの創造性の内的秘密を追求する研究、すなわち科学者における人間の研究は、われわれにとってきわめて魅力ある主題となる。その際、創造性についての精神病理学は有力な探究の方法を提供するだろう。

天才と狂気との密接な関係については古代ギリシアの昔から多くの人々によっていいならわされてきた。しかしこのテーマを精神医学的に初めてとりあげたのはドイツの精神医学者メビウスであり、天才人の精神医学的伝記を意味する「病蹟学 Pathographie」という言葉も彼によって創り出されたのである(一九〇七年)。

病蹟学的研究にはさまざまな潮流がある。その代表的なものは精神医学的天才論の系譜である。この流れはメビウスの『ゲーテ』『ニーチェ』『ルソー』などの古典的業績に始まり、同じくドイツの精神科医ランゲ＝アイヒバウムに続く。ランゲ＝アイヒバウムは、天才を時代とともに変化する函数としてとらえる社会学的天才論を大著『天才、狂気、名声』(一九二七年)において展開した。同じくドイツの精神科医クレッチュマーは『体格と性格』(一九二一年)の中で周知の気質類型論を提唱し、さらに『天才人』(一九二八年)で体質生物学的立場から天才の創造活動に迫り、一時期を劃した。しかしこれらの研究は第一次大戦敗戦戦後のいわゆるワイマール文化においてとくに高揚をみたドイツ人の天才崇拝、英雄崇拝の流行という背景と切り離しては考えられない。これらは、散文的な第一次大戦後の市民社会の目的喪失性を代償するために、過去の文化的英雄を喚起するものであり、敗戦直後のドイツ国民の劣等感を裏返しにした優越意識の現われといえよう。また、一方で文化的英雄をロマン的に高くもちあげながら、他方では科学の名の下に精神医学的診断を下し、天才人を健康人以下におとしめようとする行為の中には、精神医学者自身の天才コンプレクスがこめられていなかったとは断言できないのである。

このような天才コンプレクスに対して精神病理学者ヤスパースは批判的であった。現象学的理念に基づいて病蹟学の概念と方法を確立した彼の研究『ストリンドベリとファン・ゴッホ』(一九二六年)は、彼の著作中ほとんど唯一の本格的な病蹟論であるが、作者の芸術的能力、作品の美的構造、美的価値等には立ち入らず、作者の病気の具体的記述や作者の世界観および作品の発生過程と病気との関連の分析に自己の立場を限定した。すなわち病気のゆえに創造的行為がなされたのか、あるいは病気にもかかわらず創造がなされたのかという両者の連関性に焦点がしぼられているのである。しかし科学的批判精神に固執するあまり、抑制的、禁欲的にすぎる彼の態度は、必然的に不毛におちいらざるをえなかった。若き日の所産である『ストリンドベリとファン・ゴッホ』においては、著者の自己検閲の目からもれた箇所があり、かえってそこに深い洞察をよみとることができるが、中世の哲学者ニコラウス・クザーヌスを扱った晩年の大著においてはこのような箇所はもはやみられない。

病蹟学の対象はこれまで主として芸術家や思想家であった。科学者を対象とした研究にはみるべきものがなく、そのほとんどが精神医学的診断に終始している。このことは、作品論に立ち入らず、問題を病気と創造との直接的関連性に限定する、ヤスパース的な立場と無関係ではあるまい。むろん科学者のつくる世界が高度に専門的であって、容易にわれわれの接近を許さないという事情もあるだろう。

病蹟学的研究の第二の立場は、フロイトにはじまる精神分析の方法で、主にアングロサクソン諸国で発展した。個人の生活史を徹底的に洗いあげ、生活史上の出来事のかくれた意味を問題にしてゆく精神分析学は、すぐれた個人を研究する方法としてはきわめて魅力的なものである。だがこの方法はフロイト自身によるレオナルド・ダ・ヴィンチやウィルソンの研究、エリクソンによるルター研究などの例外もあるが、精神分析学者よりもむしろそれぞれの専門領域の研究者、とくに文学史家によって適用されていることが多く、いささか恣意的に流れるきらいがある。また科学者が対象となった例はほとんどない。

第三の系譜は、直接科学者にインタヴューし、心理テストを実施して、創造的科学者グループと非創造的科学者、あるいは一般人のグループとの対比研究を行なうもので、主にアメリカ精神医学の領域から報告されているものである（たとえばマックレランド、ロー）。この流れは、とくに第二次大戦後の米ソの科学競争の雰囲気の下で発展した。精神分析学と行動科学との影響下にあるこの種の研究は、間接的な方法に比べて圧倒的な利点があるだろう。間接的方法による場合、文学者に比べて科学者には伝記資料が乏しく、あったとしても外面的な好意的伝記しかえられないのが普通だからである。だが現状は単に輪郭をとらえるにとどまっており、マックレランド自身も「断定的なことはまだほとんど何もいえない」と述べている。この場合にはいろいろな気質の科学者をひとまとめにして、その共通の特徴を求めること自体に無理があるのではなかろうか。

われわれの立場は従来の天才論や疾病論にとらわれず、ヤスパース的自己限定から自由となり、病気と創造性との直接的関連性を追求する彼の次元を超え、病気も創造性も状況という舞台の上で演じられる人間のドラマとしてとらえようとするもので、病気と創造性の両者を包括する広い立場に立っている。われわれはまず科学者の気質的特徴を彼らの生活史の中から具体的に把握し、気質が状況の中でどのような矛盾や葛藤を起こし、どのような人格的発展をとげてゆくかをみる。とくに、どのような状況において科学者への道を選び、心的危機に遭遇し、知的生産性の高まりがみられるかを、気質、生活史、状況、病的過程などとの相互関連において包括的に把握することを目指す。分裂病圏や躁うつ病圏の科学者を扱う場合には、戦後の西ドイツにおいて発展した発病の状況論的研究(たとえばフォン・バイヤー、パウライコフなど)から示唆されるところが多かった。ただし病者でなく創造的人間を対象として選んだために、発病をうながす状況にとどまらず、発病抑止的な状況も問題となる。創造的個人を対象とする病蹟学は、発病病理もさることながら、発病抑止の研究にも大きく貢献するのではなかろうか。

科学者の精神病理という主題は、われわれを科学者独自の問題性の中に導く。われわれは、科学者のつくる世界の特徴や、それと気質との相関を明らかにし、そこから逆に科学者が科学の道を選ぶ契機を照らし出すよう試みた。そうすることによって科学の性格やその時点での発展段階と、科学者の気質や内的葛藤との関連、つまり科学史の中における科学と科学者との〝出会い〟の性格を洗い出すことが可能になろう。

われわれの病蹟学の方法は、科学者という対象の構造と切り離すことができない。すなわち従来の病蹟学が好んで扱った芸術家、思想家の世界が主観的、多義的であるのに比べ、科学者のつくる世界は客観的なことばで語られる明確で一義的なものである。また一般に芸術家がユニークな世界をひとりでつくろうとするのに対して、科学者は学問の歴史的展開と緊密な関係を保って研究をすすめ、共同で研究を行なうことも多い。これは芸術家にはほとんどみられない現象である。共同研究における創造性の問題は、協調性に富む躁うつ病圏に属する科学者の病蹟研究に特有な主題となるであろう。一方、科学者のつくる世界はその論理性、実証性、妥当性について芸術家や思想家の経験しない吟味をうける。この吟味は科学者自身の内部からもたえず行なわれ、科学における知的生産性の構造の一部となっている。このために、たとえばストリンドベリ、カンディンスキー、カフカ、ゲーテ、夏目漱石などのような、病的体験の中での、病的体験と深くかかわる創造的行為は、科学者の場合には原理的に困難なのではなかろうか。したがってわれわれの結論はあくまで科学者のみにかかわるもので、ただちに創造的人間全体に一般化しうるものではない。

アイザック・ニュートン

Isaac Newton
1643–1727

ニュートンの世界

ニュートンは微分法、色彩理論、万有引力などの発見者、古典物理学の体系の確立者である。彼の輝かしい物理学の体系は、一般的、包括的なものを扱っているが、同時に個性的色彩が強く、もしニュートンがいなければ、今日の科学は全く異なった発展の道をたどっていたかもしれないとさえいわれる。ニュートンはアインシュタインと似た、科学史上独自の位置を占めている。

彼の物理学は原理の物理学といわれる。その基本的特徴は、仮説をつくらず、原理を発見することにあった。「私の意図したのは仮説によって光の性質を説明することではなく、諸性質をまず提示し、推理と実験によってそれらを証明することである。」(『光学』)「私はこれらの原理を万物を構成する一般的自然法則として考えている。原因は発見されないけれども、それが真理であることは現象によってはっきりしている。」(『自然哲学の数学的原理』、以下『プリンキピア』と略す)

彼の知性の個性的特徴は、世界の本質つまり原理を、無媒介的に、直観的に捉えたことにある。二十三、四歳のときすでに、彼は生涯の最も重要な諸原理の発見をなしとげていた。しかし、発見した諸原理の確実さは、彼自身にとっては明証的、絶対的であるが、これを実験あるいは推理によってただちに証明することはできなかった。『プリンキピア』を著わした目的が、万有引力の法則をユークリッド幾何学的に証明することであったように、物理学者としての彼の後半の人生は若き日に発見した諸原理を実験あるいは推論によって証明することにあったといえよう。しかしそれよりも、自己の発見した固有の原理によって宇宙全体を包括する秩序を構築することが彼の終局的な目的であった。

ところで、このような彼の知的世界の本質をなす特徴は、われわれ精神科医の目から眺めると、分裂病圏に属する病者に固有な世界の捉え方にきわめてよく似てくる。彼らも世界の本質を無媒介的、直観的に捉える。そして、確実性は自己にとっては自明なのであるが、それを論理的に他者に説明することは不可能で、妄想的ともいえる特異なやり方で、包括的に世界の全体を説明してみせるのである。

このようなニュートンの特徴は、ほかの全く異なったタイプの科学者と比較してみると、いっそうきわだったものとなる。たとえば『種の起原』を書いたダーウィンは、ニュートンとは対照的に、現実に密着し、着実に観察と経験を深め、帰納的なやり方で、世界の部分について具体的な結論を引き出す。このような世界の捉え方は、躁うつ病圏に属する人たちにわれわれがしばしば見いだすものである。クレッチュマーはすでにその著作『天才人』の「研究者」の項で、分裂気質者に属するものとして、精細な理論家、体系樹立者、形而上学者を、循環気質者に属するものとして写実的に記述する経験家をあげている。

ニュートンの世界を構成する重要な部分として見逃すことのできないものに、錬金術に関する研究、宗教的な研究がある。彼は錬金術、神学について百万語以上にのぼる膨大な著作を残している。これらの著作は彼の名声を損うものとして意図的に隠されて発表されず、一部は散逸し、現在にいたるまで十分な考証がなされていない。この文書を散逸から救った経済学者ケインズによると、それは(1)三位一体の否定、すなわちキリストの神性を否定するアリウス派の立場の擁護、(2)宇宙の神秘的真理を聖書の中にさぐろうとする試み、(3)錬金術―変成、化金石、不老不死の霊薬に関するものであり、それらは量において物理学や数学の研究を圧倒しており、ニュートンは最初の近代科学者というよりも最後の魔術師*というべきであると述べている。それには異論がありうるとしても、彼が生涯たえまなく錬金術に関する実験や、当時の風潮からすれば異端の立場に立った神学的思索に身を捧げていたことは疑いのない事実である。しかしその中でもニュートンの思考は「狂気ながら非常に筋道がたっており」、「周到な学識、正確な方法、叙述の極度の真面目さ」(ケインズ)が一貫して存在する。このケインズの評語はそのまま慢性妄想患者のつくる妄想の体系にも当てはまる。

一般に分裂病質の人間はファッサード(正面)を眺めただけではそのうしろに何があるかを察することはできない。われわれはここで、分裂病質者の世界についてのクレッチュマーの有名な比喩を想起する。「分裂病質の人間の多くは、木蔭の少ないローマの家々や別荘が、ぎらぎらする陽差しに鎧戸を下ろしてしまったようなものだ。そのおぼろな部屋の薄あかりの中では祭りが祝われているかもしれないのだ。」ニュートンは、錬金術や神学に関する研究を公刊する意図を全くもたなかった。彼にとって物理学はファッサードにあたり、錬金術などの研究はクレッチュマーのいう内面の祝祭に相当するものではなかろうか。

彼は当時支配的であった三位一体の信仰をすて、キリストの神性を否定するアリウス派の立場を擁護しつつ、一方では宇宙の神秘を聖書の中に探ろうと試みた。教職を追われる危険をおかしてまで、なぜ彼がアリウス派の異端信仰をひそかに、だが執拗に主張しつづけたのか、その理由はわからない。しかし彼が父の顔を知らない子供として、キリスト降誕の日クリスマス(旧暦)に生まれた人間であるという事実は一つの手がかりとなるかもしれない。父は彼の生命を〝スタート〟させながらその誕生以前に世を去った。父と彼との間には全く現実的関係がなく、彼は父の残したわずかな形見や父についての周囲の物語を手がかりとして、父の存在、父の姿を想像するよりほかなかったのである。彼はみずからをキリストになぞらえていたのではなかろうか。

フロイトは、すべての夢には了解できない〝臍〟のようなものがあるといった。自己完結的なニュートンの体系が彼の個人史とつながる唯一の〝臍〟は、アリウス派信仰と彼の父子関係との対応であるといってよいかもしれない。この彼の宗教観は、彼の物理学の体系にも関わりがある。キリストの神性を否定することは、父の国と子の国との断絶を意味することになるが、彼の物理学における神も、宇宙の原初にすべての惑星の初期条件を定め、惑星の運動を〝スタート〟させたあとは緊急の場合以外は宇宙の秩序に介入せず、天体は神の与えた〝初期条件〟に従って永劫回帰運動を繰り返す。彼の論敵ライプニッツはニュートンがもう一歩で無神論者になるといって非難したが、これは理由のないことではない。

すぐれた自然科学者にして信仰者であった人といえば、ただちにパスカルの名が想起される。しかしニュートンはパスカルにみられる科学と信仰との深刻な内面的相克とは全く無縁である。ニュートンにとっては物理学も錬金術も神学も一つのものであった。強いていえば、それは理神論に近い神学体系と規定することができよう。彼は全宇宙の謎を、神が世界のあちこちに置いた手がかりをもとに読みとることができると考え、その手がかりを天空や元素の構造や聖書の中に求めたのであった。このようにつくりあげられた彼の全世界と現実との接点が彼の物理学であり、彼の内面の祝祭は、物理学という窓口によってのみ現実的世界に開かれていたのである。これが、彼の全世界のうちで物理学のみが現実妥当性を有する理由である。物理学の業績の発表が彼に現実世界との接触をもたらし、それがまた彼の存在の危機をうむことになるのである。

生い立ち

アイザック・ニュートンは、ユリウス暦一六四二年のクリスマスに、イングランド東海岸に近いウルスソープの村の郷士の館に生まれた。

郷士とはいえニュートン家は格が低く、その家系はわずかにニュートンの曾祖父までたどれるにすぎない。父は「粗野な変わり者で、意気地のない男」だったと、後にニュートンの継父となった牧師が述べている。おそらく分裂病質の一類型に属する変人だったのであろう。三十七歳になってようやく近隣の農家の娘をめとり、その数ヵ月後に死亡している。その直後に生まれたニュートンは父の面影を全く知らず、それを追い求めた形跡もない。彼が自分の父や祖先に関心を示すのは、晩年になって貴族に列せられるため彼の系譜を当局に提出する必要に迫られたときだけである。

早々に寡婦となった母は、ニュートンが三歳のとき近くの牧師バーナバス・スミスと再婚した。祖母の許にひとり残されたニュートンの幼年時代については、ごくわずかのことしか知られていない。彼は村の学校に通わされ、読み書き計算を習ったが、陰気で口数が少なく、子供らしい遊びの仲間にも加わらず、ひとり物思いにふけることが多かった。彼の幼年時代には、全くといってよいほど、深く親密な人間関係が欠けている。彼はこの状態に反抗もせず、ひそかに内面の夢想を育んでいる、目立たない、おとなしい子供であった。このままで成長すれば、ニュートンは父の遺産をひっそりと守って生涯を送る、少し風変わりな郷士として、イングランドの田舎に埋もれたかもしれない。

彼の運命を動かす要因は、まず父方の親戚からの働きかけに始まる。母は生涯を農婦として終始し、後年のニュートンの名声にも全く動かされることのない人であった。これに反して父方の親戚の中には、伝統的な農場主のほかに薬剤師、牧師、医師などが生まれていた。中世ヨーロッパ封建農村の典型としてよく引用されるイングランドの荘園《マナ》にも市民社会の波は押し寄せ、農村の小地主階級の中には新興の小市民的知識階級への転化をはかるものも少なくなかったと思われる。ニュートンの親戚たちの中でこの動きに応じた人たちは、月足らずで生まれたひ弱なニュートンがいつの間にか身体も壮健になり、村の学校で相応の成績をあげているのに気づき、援助を与えて、将来は医師か牧師、つまり彼らの一員に育てあげることに決めた。ニュートンは近郊の町グランサムの学校に送られた。

ニュートンはグランサム・スクールに彼の孤独な生活様式をもち込んだ。彼は本質的に独学者であったといってよい。私的なノートを作り、そこに目にふれた事物や読書の内容を随時記入していった。また収集を好み、とくに薬草を集めたという。何事も自分でためしてみなければ気がすまない実験癖も、すでに周囲の注目をひいていた。そして機械いじりを好み、水車の模型や日時計、水時計を実際に製作した。

このような製作癖、実験癖、記録癖、収集癖は、生涯を通じて一貫して見いだされ、ニュートンの最も基本的な活動様式となった。彼はレンズ磨きがうまく、晩年までよく「すぐれたレンズ磨きの親方《マスター》」と自称していた。実際彼がイングランドの科学者仲間に知られるようになったのは、反射望遠鏡を製作したためである。また彼の生涯の創造的な時期にも、創造力の涸渇しているようにみえる時期にも、彼の錬金術実験の火が消えることはなかった。このように、孤独な実験者、記録者としてのニュートンの姿はグランサムの学校に入った十二歳の日にすでに現われているといってよいだろう。

ニュートンは終生独身であり、生涯の大部分をケンブリッジ大学の学寮の一室に起居してすごした。孤立に強く、うるおいのない環境に耐えられる分裂病質的特徴は、ニュートンの生涯の最も明確な刻印である。

ニュートンの孤独を学者らしい悠々たる隠棲と間違えてはならない。彼は他人からくる脅威に極度に敏感であり、恐怖をまじえた警戒心をもち、他人から距離をとるためにたえず周到な注意と努力をふりむけつづけたのである。早くもグランサム・スクール時代、割り当てられる机が変わるたびに彼は自分の名をナイフで彫りつけ、他人の〝侵入〟を防いだのである。こうした傾向は終生変わることなく続き、自分の研究が外部に洩れ、他人に盗まれることを恐れつづけることになる。しかし外界との距離が脅かされる危機の時期は、分裂病発病の危機であると同時にきわだった創造性の高揚のみられる時期でもある。危機のもつこの二重性の内包するところを説きあかすことはニュートンについての主題の一つとなるであろう。

この二重性はグランサム時代には明らかではない。しかしこの時期にもすでに、他人への警戒心、深い人間関係への恐怖は、他人への深く秘められた、ほとんど幻想的なまでの憧憬に裏打ちされていた。もっとも、幼時において深い人間関係を体験しなかったニュートンにとって、この憧憬はほとんど実現不可能なものであった。少年時代のニュートンはひとりで凧をあげることを好んだが、ときには提灯を結びつけて夜間に凧を放ち、何くわぬ顔で、新しい彗星が現われたと村中にいいふらしたりしたという。当時彗星の出現は、大変事出来の前兆と考えられていた。この人騒がせな挿話は、もしニュートンが知性に恵まれない人であったならば、人々があわてふためく様をそしらぬ顔で眺めて喜ぶ放火少年になり果てたのではないかとさえ思わせるものがある。これは、愛情飢餓の現われではなかろうか。

彼は生涯、接触する人物が自分にとって敵か味方かに敏感であった。たしかに誰よりも親しい味方であるはずのロックやモンタギューにすら、自分に陥穽を仕組んでいるのではないかという病的な疑いをさしむける晩年の彼の姿には、人間に対する信頼感の根本的な欠如の痛ましさがみられる。しかしこの敵・味方性への敏感さは、むしろ、人間関係を重大に考えるがゆえに味方を得ようとする努力とみられるのである。

さらに深くニュートンの人間関係の在り方をみると、目立たないが生涯を貫いて存在する別の一面がある。彼が大切と考えた少数の女性への一方的な献身がそれである。

伝記はニュートンと母との生涯にわたる親密さについて語っている。ニュートンが三歳の時、彼を祖母に預けて再婚した母は、十年後には夫に死なれてウルスソープの農場に戻ってくる。彼女はニュートンの才能を認めず、グランサムの学校をやめさせ、農場の手伝いをさせている。息子は従順に母にしたがい、農場に帰る。二年後、彼がグランサムの学校に復学し、さらに一年後ケンブリッジ大学に進むのは、父方の親戚の母への根気強い説得の結果である。そこには階級分解を起こしつつあるイングランド小地主階級内部の見解の相違の反映もあったのであろう。しかしニュートンの方が母子関係を重大視していたことは確かである。母は彼に呪縛的な影響力をおよぼしていたのではなかろうか。ケンブリッジ大学教授になったのちもしばしば母の農場に帰って農事を手伝い、臨終に際しては徹夜の看病を続けているのである。

彼の気前のよさは異父妹にも及んでいる。彼は異父妹の娘の一人を可愛がり、晩年同居したりする。彼女が結婚したのちはその夫を自分の後任として造幣局長官の地位につけ、三万二千ポンドの遺産をことごとく夫婦に遺贈している。またグランサム学校時代に下宿した薬局の養女ミス・ストーリイに対して、わずか二年間の淡い友情に報いるために、後年人妻となった彼女の経済的不如意を一度ならず救っている。

ニュートンの伝記に出てくる生身の女性はこの三人に尽きる。いずれの場合もニュートンの方が相手との関係を重大視し、しかも現実的な相互関係や反対給付を求めず、ある距離をおいて、ほとんど一方的な献身に終始していることが大きな特徴である。

ミス・ストーリイは生存中すでに「ニュートン卿の秘められた恋の相手」として知られ、「もしニュートン卿が申し込んだならば、あなたは受けましたか」との問いに否定をしなかったらしい。もっともそれは幾度か再婚もし、老婆となり、ニュートンから現実に経済的援助をうけたのちのことではあるが。姪のキャサリーンや、このストーリイ嬢に対するニュートンの感情が、幻想の中でいかにエーテル的な香気にみちたものであるにせよ、そこには現実の性の甘やかな匂いが欠けている。おそらく彼は生身の女性——正確には生身の女性が彼の中に惹起する感情——に耐えられなかったのであろう。それはほとんど破滅的なまでに尖鋭な両義的感情であったろう。

はたしてニュートンの生涯には第四の女性が登場する。それは後述するように「ロックが女性を使って自分を誘惑する」と憤激した手紙の中に登場する女性である。この女性は生身をもたず、五十歳のニュートンの妄想の中にのみ存在するものであった。そして妄想の内容とは、しばしば自我が自分の中に持ちこたえることのできないものを自我の外に放り出し、外部に投射したものにほかならないのである。

バロウとの出会い

ケンブリッジ大学に入学した時のニュートンは、機械いじりの好きな、風変わりで孤立した少年にすぎなかった。当時十八歳の彼の学問的素養は、同年齢のデカルトやパスカルのそれとは全く比肩できず、ユークリッドの『幾何学原本』さえまだ知らなかった。たしかに彼はそのままでも「すぐれたレンズ磨きの親方《マスター》」すなわち卓越した技術者にはなったであろう。しかし、彼の内面になにごとかが起こらなかったら、このあとわずか六年のうちに、以後二百年の学界を支配するニュートン物理学の原型がうまれることは、ありえなかったであろう。

ロンドンにペストが流行した一六六五年から一六六七年にかけて、ニュートンは故郷ウルスソープの荘園に戻り、その難を避けた。二十二歳から二十四歳にかけてのこの時期に、彼は生涯の最も重要な業績である諸原理、すなわち万有引力、力学や光学の法則、微積分学などを直証的に発見したと伝えられている。この時期が〝創造的休暇〟と呼ばれる所以である。りんごが木から落ちるのを見て重力の存在に思いいたったという伝説はこの時期の出来事である。

しかし伝記を綿密にたどれば、この決定的な時期に先立つ三年前、学生時代の一六六三年、二十歳のときにすでに光学への関心が始まっており、一六六四年(二十一歳)には無限級数を発見したり、月の周囲に生じる環を観察するなど、彼の創造性の高揚はすでに明らかである。

この創造性の解放が現実に学問の世界に開花するためには一つの〝出会い〟が必要であった。それがアイザック・バロウとの出会いである。

ニュートンが光学への関心を示しはじめた一六六三年、ケンブリッジ大学に「ルーカス数学講座」が新設されることになり、その初代教授として赴任してきたのが三十三歳のバロウであった。バロウは古典学者として出発し、数学者、物理学者となった人である。数学者としてのバロウは、微積分学の先駆である「アルキメデスの(幾何学的)方法の取扱いを徹底的に身につけた少数の数学者たち」(ブルバキ)の一人であり、大陸のフェルマ、パスカル、ホイヘンスとならぶイギリスの数学者であり、フェルマの「接線法」を改良して微積分学への道を開いた。一六七〇年に出版された『幾何学講義』の冒頭において、彼は、直線運動において走行距離は時間軸と速さの曲線とに囲まれた面積(つまり $\int_0^t vdt$)に比例することを原理として措定する。しかし彼は幾何学の範囲をこえず、接線の勾配と面積との関係、すなわち微分商と積分との関係を発見する一歩手前で立ち止まってしまう。彼は本質的に幾何学者であって、物理学においてはとくに幾何光学にすぐれた業績があった。後にプラトン主義者的神学者として時間・空間の絶対性を主張するのも、この幾何学的精神と無関係ではないであろう。このような限界はあるが、バロウは多くの面でニュートンの直接の先駆者であり、ニュートンの業績が、バロウに触発されバロウの思想を内的に摂取しつつ形成されたことが推定できる。

バロウは自分より十二歳年少の孤独な少年ニュートンにあふれるばかりの知遇を与えた。バロウと出会うまでは従僕として働きつつ学ぶ〝サブサイディアリ〟であった貧しいニュートンを、一六六四年に正式のスコラーとし、翌年にはバカラウレウスの学位を授けている。ニュートンは一六六七年にはケンブリッジ大学トリニティ・カレッジのマイナー・フェロウに、半年後にはメイジャー・フェロウになり、続いてマスター・オブ・アーツの学位を得ている。そしてその翌年、一六六九年には、まだ三十九歳のバロウはわずか二十六歳のニュートンに教授の地位を譲って僧職に身を投じている。バロウが当時イギリス最高の数学者であったのに対し、ニュートンはまだ一つの業績もなく、論文「無限級数の方程式による解析について」がようやく師の校閲をうけつつある一介の学徒にすぎなかった。ニュートンが示しつつあった才能をバロウがいかに高く評価したとしても、バロウの引退は早きにすぎるということができよう。バロウの心境は謎でさえある。

バロウはニュートンがもちえた最初にして最も深い人間関係の相手であった。バロウとのめぐりあいによって初めてニュートンは自己のモデルを得たのである。この自己同一性identityの確立がニュートンを創造性の急激な解放に導いたのであろう。

分裂病質の少年ニュートンの強烈な対人恐怖と自閉性の殻を破って、深い人間的な〝出会い〟が成り立つためには〝出会い〟の相手が受容的で、彼の警戒心をおのずとかせるような、精神療法における〝治療者〟の資質が必要である。おそらくバロウはそのような〝治療者〟だったのではないだろうか。すなわちバロウは物理学者としてのモデルである以上に、肯定的な意味での現実の人間のモデルであり、いわば現実を代表して、ニュートンの目に映る現実を信頼できるものにし、ニュートンの内奥の世界を現実に向かって開かせる〝現実への媒介者〟、〝現実への窓口〟だったのではなかろうか。

一六六四年に始まるバロウとの〝出会い〟は、一六六五年から六七年にかけての〝創造的休暇〟へと続いている。幼時から育まれた幻想的世界は、バロウとの出会いを軸として、世界を包括する原理を知的に明らかにしようという志向の下に、創造的休暇の間に彼の内面で直証的なものとして結晶したということができよう。

しかし創造的休暇におけるこの結晶化の説明にはさらに突っ込んだ状況論的考察が必要であろう。ペストの流行は一時的にせよニュートンからバロウを引き離した。この離隔は保護者からの分離を意味すると同時に、機械いじりの好きな少年から創造的科学者へと急激な変貌をとげたニュートンが自分をとり戻すために必要な期間でもあった。一般にすぐれた年長者との出会いは、自分のモデルとの出会いという意味で自己確立の契機であると同時に、相手の圧倒的な影響力によってそのモデルの中に自己を見失う自己喪失の危機をも意味する。とくに分裂病質者が相手から適当な心理的距離をとることによってみずからを守ろうとするのは、彼らの本性が〝自閉的〟だからではなく、逆に、彼らは相手に対して敏感にすぎ、自分が相手から全く見透かされているように感じるからである。彼らはたやすく自分と他人との境界線を見失ってしまう。とくに、強い自我との出会いはしばしば相手の自我が文字どおり自分の中に侵入するように感じられるものである。分裂病者は相手との過度の接近によってかえって人と〝出会いそこなう〟のだといわれる。彼らはこの危険を敏感に察知し、みずからを自己喪失から守るのである。ペストによるバロウとの一時的分離はニュートンに一息つかせ、自分をとり戻し、出会いによって始まった自己同一性の確立をさらに深めるものではなかったろうか。

ペストの流行が世界終末的な雰囲気をくりひろげていたことも見落とせない。『ロビンソン漂流記』の著者デフォーはロンドンのペスト流行記を『疫病の年の記録』にまとめているが、それをみると、当時の人々はペストに対して全く打つ手がなく、ペストはロンドンの一市区から一市区へと徐々に、だが確実に拡がり、埋葬する人手も場所もないので死者は打ち捨てられ、人々は恐慌状態におちいって郊外に逃亡し、不衛生きわまる状態で野宿しているさまが生々しく描かれている。中世末期以来、ヨーロッパではペストが繰り返し流行した。人々はそれを人類の傲慢を罰する神の鞭と呼んでいた。

われわれはすでに少年ニュートンが彗星出現の噂をふりまいて喜ぶのをみた。そこには一つの世界終末に関する幻想が垣間みられる。分裂病質の人にとっては世界は全体として脅かされたものである。ペストの流行はいわば現実が幻想に歩み寄ってきたということができる。現実がかねてより内面に秘められた幻想に近づくことは、分裂病の素地のある人に一種の逆説的高揚感を起こす。それが分裂病の発病へと導くことはよく知られていることである。しかしまたそれが同時に知的創造性の引金をひくこともありうる。世界終末感とは未来剝奪感にほかならず、それは心理的猶予の撤回をうながし、あたかも世界の終りの到来と先を争うかのように、世界の知的な最終的解決が企てられるのである。いわゆる「ポーツマス文書」――ニュートンの〝内面の祝祭〟として休むことなく続けられた錬金術と異端的神学の研究――の最初の日付もおよそ一六六六年ごろ、すなわちペスト避難の只中にあたる。

最初の危機

一六六九年、ニュートンはバロウの跡を襲って教授となった。生涯の仕事の輪郭はすでに創造的休暇の間に構想されていたとはいえ、この先長い時間をかけて彼はそれを実証してゆかねばならない。実際それは彼の全生涯を要することになる。

ニュートンの講義は学生たちには難解で退屈だったといわれている。しかし死後公刊されたものをみると、初期の講義はきっぱりした表現、率直な明言の目立つ若々しいものであって、光学の講義の中では、彼はアリストテレスにはじまる諸権威を次々に攻撃している。彼の気負いを思いみるべきであろう。

同時に、対人的距離をとることについての彼の用心深さも、むき出しの恐怖というニュアンスが減少し、人生知に基づく周到な配慮という余裕のある形に変化してきたようにみえる。

教授に就任した一六六九年、外国へ旅立つ友人に宛てた手紙の中で、彼は外国での生活の原則を教えている。外国では自分から喧嘩を売ってはならない、けなすよりほめよ、侮辱に対しては忍従せよ、などと書かれており、慎重で控え目、節度のある不干渉主義をすすめている。ニュートンはこの時まだ二十六歳の青年であり、しかも外国生活の経験をもたなかったのである。この手紙の中ではまた外国を見聞することの重要性を強調し、見るポイントさえ教えている。この時期のニュートンは用心を忘れないと同時に、外界に開かれた目をもっていたといってよいであろう。同じ手紙の中で、彼は「もしあなたがあなたのはいられた社会よりもいっそう賢いとか物知りだとかみえようものなら、あなたの得れるところは皆無に近いでしょう」と述べている。デカルトが晩年オランダで送ったような〝かくれて生きること〟を最上とする生き方をニュートンもまた愛していたようにみえる。一六六九年から一六七一年にかけて、彼は無名を楽しみながら、光と色彩の理論の完成に向かって極度に集中した努力の日々を送った。

しかしニュートンが心ならずも有名になる日は遠くなかった。

当時普及していたガリレオ型の屈折望遠鏡では、レンズの周辺部に球面収差による像の歪みが起こるのは避けられなかった。放物面鏡を用いることによって球面収差をなくする反射望遠鏡の着想はニュートン二十五歳の日に遡るが、曲面ガラスのメッキ法に問題があった。彼は持前の職人的才能でこれを解決し、一六七一年、二十八歳のとき、ついに反射望遠鏡を完成した。ニュートンはたちまち有名になり、望遠鏡は王に献上されることとなった。王はニュートンを嘉して、設立まもない王立学会《ロイヤル・ソサイエティ》の会員に彼を推したのであった。

ここで当時の科学界におけるコミュニケーションの状態を知っておく必要があるだろう。今日みられるような学会、学術雑誌などをもつ近代的な学界の組織は十七世紀末に始まるものである。王立学会設立以前には学術雑誌というものは全くなく、科学者が自分の仕事を人に知らせたいときには手紙を出すか、書物を刊行するよりほかなかった。出版は自費か、さもなくばうまく後援者を見つけねばならず、大抵の場合ひどく時間のかかるものであった。科学の情報は主として文通や口伝によって拡がった。十七世紀には、膨大な手紙の往復が国境を越えて行なわれ、手紙の仲介人も出現した。デカルトの有名な「メルセンヌへの手紙」の宛名人メルセンヌなどはこの種の仲介人である。科学愛好者である彼らは科学的書簡を複製し、しかるべきところに配り、返事をうながし、論争を媒介したりした。科学雑誌編集者の先駆的形態ということができようか。しかし手紙はしばしば彼らの手で修正されたり、歪曲されたり、彼らの意見が挿入されたりした。

王立学会の設立は画期的なものであった。ここではじめて、公開の席上で発表と討論がなされ、論文が機関誌に掲載されるという近代的学界組織が誕生する。手紙の仲介人にかわって学会の事務局が登場する。事務局に集まる人たちは科学者たちに仕事をうながし、方向づけを行ない、論争をさせるといった役割に喜びを感じていたが、なかには科学者を操るという陰湿な権力を楽しんだものもあった。王立学会の事務局には、低い身分出身のフックやドイツ生まれの外国人オルデンブルクなどがいた。フックは学会付の実験者であり、学会に寄せられる研究を検証するという、科学者に対して強い立場にあった。オルデンブルクも、科学者をかみ合わせて論争をうながす傾向の強い人であった。

一六七二年、二十九歳のニュートンは「光と色の新理論」を王立学会で発表した。それはただちにフックの激しい批判をよびさました。このフックの批判は実際には賞讃をも含んでいたのであるが、ニュートンの心に生涯消えない傷痕を残した。ニュートンは批判をおそれ、極度に発表嫌いになった。『光学』はニュートンの諸理論の中で最も早く書かれながら、公刊は最も遅く、フックの死を待ってようやくその翌年一七〇四年、ニュートン六十二歳のときに上梓されたのであった。

ニュートンの病的な発表嫌いは有名であるが、それは科学者としての出発のときからあったものではない。「光と色の新理論」の発表は「例の望遠鏡を製作するための基礎となった哲学的発見」に関する報告書を送ろうという、ニュートンの申し出によってなされた。ニュートンはこの際、「この哲学的発見の方が望遠鏡自体よりずっと重要である」ことを強調している。このような開かれた態度は、フックの一撃によって永久に失われることになった。それにとどまらず、フックによる批判(一六七三年)直後のニュートンの言動には常軌を逸した奇妙さが認められる。

彼はまずオルデンブルクに王立学会からの除名を依頼した。彼は今後いっさい自然科学の研究をやめると書き送った。しかしその希望は容れられず、かえって会費免除の特典が授けられることになった。すると彼はケンブリッジ大学の民法講座のロー・フェロウに立候補する。が、落選し、法学者への転向も成らなかった。このころの彼は怒りっぽく不機嫌で、教室で地理学の講義を始めるなど、奇妙で唐突な行為がみられた。

ここで初回の分裂病発病が起こっていたとしても不思議ではないが、これ以上裏付けとなる資料がない。しかしこの時期の彼が批判によって存在を震撼され、しかもそこからの緊急避難は社会が許さず、心理的に窮地におちいっていたことは間違いない。

光学理論発表後四年にわたる論争ののち、ニュートンはみずからこう記している。「私は自分を学問の奴隷にしてしまった。今後はもう自分一人の満足のため以外には哲学と永久に別れを告げよう。」(一六七六年、オルデンブルクへの手紙)「私は光の理論の発表によって

生じた論争で非常に悩まされたので、実質的な浄福と別れた無分別をみずから責めた。」（一六七六年、ライプニッツへの手紙）

色彩理論論争の時期を境にして、ニュートンは次第に魔術師的な隠遁生活の度合を強める。基本的性格は不変だったとしても、対人恐怖、用心深さ、疑い深さが前面に出てきた。ルーカス講座をついだウィストンによれば、ニュートンは「知る限り、最もこわがりで、用心深く、疑い深い気質」であり、「自分の思想、信念、発見を赤裸々に世間の検閲や批判にさらすことに身のすくむ恐怖をもつ人」であった。病的な発表嫌い、反駁恐怖、人間不信が現われ、教授就任直後の講義や手紙にみられる柔軟な思考や対人的距離のとり方は永久に失われた。一六七二年以後の彼は、自分からすすんで研究を発表したことがない。周囲の人からの強い促しやすすめがなかったら、現在見られるようなすぐれた彼の業績の数々は世に知られることなく、埋もれたままになっただろう。「ニュートンの発見には二重の性格があった。ニュートンが発見したということを世の人々が発見せねばならなかったのである。」（ド・モルガン）

人格の変化だけではない。一六七五年から一六八三年にかけてニュートンの創造性は明らかに低下しているようにみえる。この期間は彼の三十二歳から四十歳に当たる。この時期に残されたものは、わずかな手紙だけであり、それも内容に乏しいものである。

代数と算術の講義は続けられた。しかし「退屈だ」と不評で、しばしば一人の出席者もなかった。彼は空席ばかりの教室で講義を行なった。これはいかにも分裂病質者らしい融通のなさである。そして少なくとも一六八〇年に先立つ五、六年間、彼は全く数学の研究から離れていた。身近にあった少数の目撃者はニュートンがしばしば放心状態におちいったといっている。

彼の日常は学寮での孤独な一人暮しであった。彼は目立つことを極度に恐れるあまり、孤立によって目立つことをも避けるために、しばしば学生たちのトランプ仲間に加わった。しかし決して笑わないのでやはり目立たないわけにはいかなかった。彼はよく大学を離れて母の農場に帰り、農事を手伝うのであった。

この時期にはまた、わずかに彼が心を許せる人たちが次々に世を去って行った。バロウは一六七七年にわずか四十七歳で死んだ。ニュートンは師バロウの死を「私の最大の不幸」と嘆いている。翌年にはオルデンブルクが死去する。また一六七六年以来病んでいたコリンズもやがて世を去る。ニュートンの味方となる王立学会書記たちはこれでいなくなってしまった。ニュートンの学問上の〝孤立〟はほとんど完全なものになった。

『プリンキピア』の完成

スウィフトの『ガリバー旅行記』の中に、ニュートンらしき人物が終始深い瞑想にふけっていて、かたわらにいる〝叩き役〟が手にした〝叩き棒〟でときどき外界への関心をよびさまさなければものもいえず他人の話に耳を傾けることもできない、といった諷刺描写がある。スウィフトはニュートンの姪キャサリーンと親密な関係にあったこともあり、またニュートンが造幣局長官であった当時、王がアイルランド銅貨の鋳造権を一私人に与えて巨利を博させようとしたのに反対し、有名な「ドレイピアの手紙」を書いてこれを攻撃している。このときニュートンはこの銅貨は悪貨にあらずという証明書を発行して王を弁護し、スウィフトの嘲笑を買っている。『ガリバー旅行記』におけるスウィフトの諷刺は、悪意があるにしても、ニュートンを知る人の言であって、的確にニュートン像をつかんでいる。

一六七三年以後のニュートンは外界とのいきいきとした接触を失う。内奥に育まれた思想の萌芽が次第に外に向かって具体的な科学の形をとるという精神の動態性《ダイナミズム》も失われる。物理学、錬金術、神秘思想などがそれぞれ全く別の層に属したいとなみとなる。ここにきわめて静態的、閉鎖的な精神構造が完成された。

今日われわれは「ポーツマス文書」とよばれる膨大なニュートンの未公刊文書の存在を

知っている。それは錬金術と異端的神学に捧げられた思索、実験、文献考証の記録であるが、一六六六年のペストの年から一七〇〇年まで書きつづけられたこの記録を公刊する意志は、ニュートンには初めからなかったのである。世界の深い神秘にかかわる幻想を外的世界から身をかくしつつ育んでゆくことは、ウルスソープの孤独な少年時代に源を発し、生涯を通じてニュートンの内面を貫く基底音であった。これに比すれば、物理学ははるかに断続的な活動であり、現実との接触、とくに他人との両義的な接触を媒介としてはじめて創造性が目覚めている。ニュートンにとって他人はしばしば現実との仲立ちをしてくれるものであると同時に、現実の代表者として彼を脅かす両義的な〝叩き役〟でもあったのだ。

ニュートンを現実へ連れ戻す最大の〝叩き役〟は、彼があれほど恐れていたフックであったかもしれない。ニュートンが一六七五年「光と色の理論」を再説し、その中でエーテル説を展開したのは、フックの送った和解の手紙がきっかけである。創造的休暇以来初めて力学の問題に戻り、『プリンキピア』を完成する端緒となったのは、一六七九年、フックが天体運動についての見解をニュートンに依頼した手紙である。ニュートンは「数年来、哲学から遠ざかっているので……」と気乗りうすに答えているが、これがきっかけで物理学への回帰が達成されるのであった。ニュートンはフックの招きに抵抗できず、さりとてその要請で作りあげたものに対するフックの批判に耐えることもできない。生涯を屈強な実験者として一筋縄ではゆかぬ現実との格闘に費やしてきたフックにとって、ニュートンの心性は理解しがたいものであったに違いない。しかしニュートンの目にはフックは〝招きつつ拒むもの〟として映ったであろう。招きつつ拒む――これはダブル・バインド double-bind の行為とよばれ、両義性に対する耐性の低い分裂病者にとって最も病因的な接近態度とされている。わが子にダブル・バインドの態度を示す母親は〝分裂病をつくる母〟という名を冠せられているほどである。ダブル・バインドの態度は分裂病者を呪縛する力がある。それゆえニュートンはフックの誘いにのり、物理学の世界にたち返りつつ、反面フックの反駁を病的なまでに恐怖したのである。『プリンキピア』出版の際に再び持ちあがったフックとの論争で、ニュートンは「すべてを要求し、すべてを獲得するほかになんのなすところもない者が、すべての発見の先取権を横どりし、すべてを発見し基礎づけた数学者は、退屈な計算者、つまらぬ労働者に甘んじねばならないのです」と書いている。

『プリンキピア』の完成には、しかし、両義的なフックのほかに、まじりけのない支持者が必要であった。ここに天文学者ハリーが登場する。ハリーは、ハリー彗星に名を残すほどの第一級の観測家であり、二十歳の日、早くも南大西洋上の孤島セント・ヘレナにおもむき、南天の恒星を観測し、あわせて全天の恒星目録を完成、壮年には世界を巡航して最初の地磁気方位角地図を作りあげた人である。これらは海洋帝国をつくりつつあったイギリスの航海者たちの現実的要請にうながされたものである。ハリーは現実に目を広く開き、世界の正確な記述を目指す型の学者であったと思われる。

一六八四年、ハリーはニュートンに次のような質問をした。「もし距離の自乗に逆比例した力をうけて動く物体があったとすれば、それはどのような軌跡を描くでしょうか。」ニュートンはただちに答えた。「それは楕円だ。」「どうしてですか。」「そりゃ、計算したからさ。」しかしその紙は見あたらなかった。この問答からわずか一年後に『プリンキピア』は完成した。二十年を隔てて、〝創造的休暇〟とそれに続く若き日の思索がにわかによびさまされたのである。ハリーは終始ニュートンをはげまして『プリンキピア』の完成をうながした。彼は『プリンキピア』を私財によって刊行し、印刷校正など面倒なこともいっさい引き受けた。彼は内面的にはニュートンを支援し、外に向かってはニュートンの代行をつとめた。フックがニュートンの天才を認めつつもニュートンと競争する野心を秘めていたのに対し、ハリーはニュートンの理論が観測によく適合することを知って、純粋にニュートンの理論に期待を寄せた。『プリンキピア』の理論はさっそくハリーによって軌道計算に応用され、周期彗星の存在(ハリー彗星)が確認されたのである。

ニュートンは『プリンキピア』をユークリッド幾何学にならって少数の原理に基づく厳密な証明のうえに構成しようとした。これが、われわれが先に彼の物理学を原理の物理学と呼んだ理由である。しかし若き日の光学論文は『プリンキピア』とはいささか趣を異にし、そこには矛盾を恐れず疑問を疑問のまま提示する若々しい態度がみられる。「仮説をつくらない」という有名な言葉にしても微妙な変化をみせている。この態度は師バロウの説いていたところであるというが、若き日の光学論文の文脈では事実に就き実験に即するという意味あいであった。事実『光学』の中ではエーテル説が仮説としてもちこまれ、それをめぐってさまざまな近代物理学上の問題が萌芽的な形態で提出されているのである。しかし『プリンキピア』では原理の「原因」についてあれこれ詮議しないという公理主義に近い意味に転化しているようにみえる。『プリンキピア』には、若き日の光学論文の開かれた姿勢に対して、自己完結的な閉じられた防衛的姿勢が感じられる。『光学』が英語で書かれているのに反し、『プリンキピア』にはラテン語が用いられていることも、これに対応する。さらに『プリンキピア』においては、当然微積分法を使用するべき天体力学の証明がアルキメデスの幾何学的方法に頼って行なわれている。せっかくみずからの発見した微積分法を用いて問題を解きながら、それを隠し、古い方法に書き直して発表したと推定されるのである。これは微積分の発見をめぐるライプニッツとの論争に巻き込まれることを避けたためであるといわれる。このことが『プリンキピア』をかえってわかりにくいものにし、『プリンキピア』の普及を遅らせ、故国イギリスでさえこの後も長くデカルトの古い理論が講義されつづける結果を招いたのである。ニュートン力学が今日見られるような形に書き直されたのはこれから一世紀後のことで、フランスの天文学者・数学者ラプラースの手による。

第二の危機

『プリンキピア』刊行時のフックとの論争に加え、その後の数年間にニュートンは公的私的な生活のうえでさまざまな予期せぬ現実の出来事に巻き込まれ、再び現実との距離を脅かされることになる。『プリンキピア』刊行の年、国王ジェイムズ二世が寵僧に学位を授与すべく強要したフランシス事件が起こった。これに抵抗したケンブリッジ大学の中で、ニュートンは最も頑固な抵抗者であった。翌一六八八年名誉革命が起こり、王は失脚する。ニュートンは大学選出の国会議員に選ばれ、ホイッグ党に属し、一六九〇年二月まで在任する。議会の席上ではついに一語も発しなかったというが、書簡を通じて新政府と大学の仲介者として意欲的に尽力したようである。一六八九年には母が死亡するが、危篤の際に献身的に看護をしたという。この一連の出来事がニュートンの内面を激しく動揺させたことは、彼の〝内面の祝祭〟の一端を『聖書の二つの重大な誤りについて』『ダニエル書およびヨハネの黙示録についての考察』(一六九〇—九一年)という形で世人にもらしていることからも容易に想像される。このころの彼は一六七三年ごろと同様に落着きを失い、科学への無関心が再び現われ、行政的な地位を求めている。しかしこの求職運動は友人の哲学者ロックや政治家モンタギューの努力にもかかわらず不成功に終わる。

この努力の失敗をニュートンは、友人が皆自分を見捨て裏切ったのだと思いこみ、一六九二年初め、「モンタギュー氏が私をだましていることがわかったので彼と絶交した」などと書いている。このような精神錯乱状態は翌年まで続く。「もうこの十二ヵ月というもの、満足に食べも眠りもしていません。また、あなたや他の友人の誰ともお会いしません。」(一六九三年九月、ピープスへの手紙)「あなたが女性やその他の手段で私を困らせようと企んでいることを思うと、私は腹が立って、おまえこそ死んだ方がよいと思えたほどでした。」(一六九三年九月、ロックへの手紙) これらの資料から判断すれば、ニュートンが妄想型の精神病にかかったことは疑いのない事実である。ロック宛の手紙には「あなたは、おまえの病気はもう直らないだろうといいましたね」とある。これは幻聴のなせるわざかもしれない。

昔からニュートンの精神錯乱の原因として、火事のため彼の研究成果が失われたことがあげられている。しかしこれは病気の原因というより病気の結果ではなかろうか。ふつう分裂病の急性期には錯乱状態のため身に覚えのない火事——実は錯乱による不注意のためなのだが——が起こったりするものである。それがまた彼のパニックを強める。火事のあと、彼は気を失っているところを発見され、その後一ヵ月間正気をとり戻さなかったことが、同時代のケンブリッジ大学人の日記や書簡に記されている。火事の直前からの緊張病性昏迷状態が続いたと考えるのが最も妥当であろう。

ニュートンはなぜこの時点で真剣に職を求めたのであろうか。そもそも母方の一族がニュートンに高等教育を受けさせようとしたのは、学者にするためというより、むしろ階級上昇のためであったであろう。しかし彼らの志向は、一六六〇年の王政復古によってついえたと考えられる。ニュートンはほとんど全く正確に、チャールズ二世からジェイムズ二世に至る反動時代の間だけ学者であったといってもよい。ペストが流行し、ロンドンに大火があり、オランダ艦隊がロンドンを砲撃し、カトリックの国教復活がささやかれ、聖書狩りのうわさの流れる時代であった。分裂病圏の人はこのような時代には安全を求めてたとえば象牙の塔にたてこもる。しかし若き日の志向は風化しないままで存在していることが多い。外圧がゆるむと彼らはしばしば古い志向を再燃させるが、解放の時期にはかえって現実との距離測定をあやまって危機におちいることもありうるのである。

晩　年

ケインズによれば、約二年間続いた病気から回復したニュートンは以前のような一貫した精神力を失い、人前ではほとんど口をきかず、顔つきや物腰には幾分ものうげなところがあったという。この病気は彼の生涯の転機となった。この時期を境にして、ニュートンは十七世紀の魔術者から十八世紀の理性の時代の君主という伝説的人物に変貌をとげる。一六九六年、彼は生涯にわたって続けていた化学実験をやめ、錬金術、神学に関する膨大な記録を櫃に収め、ケンブリッジを去ってロンドンに移る。当時大蔵大臣であったモンタギューの斡旋で造幣局監事となって公的活動という形式的な官僚的世界に身を置く。一六九九年には造幣局長官、一七〇三年には王立学会総裁となり、最高の地位と名誉に守られつつ生涯を閉じるのである。

晩年の彼は功成り名遂げた大御所として学界に君臨した。科学上の論争ももはや彼の生存の根底をゆるがすことはなかった。彼を批判したり彼と優先権を争う者に対しては、彼をとり巻く人々が彼にかわって剽窃者であるといういわれのない非難を浴びせるのであった。ニュートン自身も自著の改版のたびに、引用した他の学者たちの名前を削除していくのであった。すべては彼の発見に帰せられていく。彼は誇大な趣のある自足した自閉的な世界に終《つい》の栖《すみか》を見いだすのである。

彼の生涯の転機に際して見逃すことのできないのは、モンタギューとの関係である。モンタギューとの出会いは、モンタギューがケンブリッジの学生であった一六七九年に遡り、生涯彼はニュートンの〝親友〟であった。孤独な老物理学者と年少の貴族政治家との交友は奇妙な組合せにみえるが、晩年のニュートンにとってモンタギューは若き日のバロウのように肯定的な意味で〝現実との媒介者〟であったと想像される。ニュートンが国会議員となったとき、モンタギューも同じホイッグ党に属する国会議員であった。ニュートンの議員としての活発な政治活動も、背景にあったモンタギューとの特殊な深い人間関係にうながされていたのかもしれない。この結果、名誉革命という社会的変動の中での積極的な現実への関与という心理的冒険も起こり、同時にそれが彼を危機的な状況に追い込むことにもなったのであろう。

このように眺めてくると、ニュートンの生涯における二回の心的危機にはある種の共通性があるようにみえる。つまり、いずれも深い対人関係によって現実への通路が開かれ、現実世界における創造的活動がひき起こされるが、この現実世界との接触が彼に心的危機をかもし出し、それに続く病的な時期を経て再び自閉的世界へ落ち込み、安定するという心理的機制である。したがって、きわめて大胆にニュートンの生涯を図式化すれば、若き

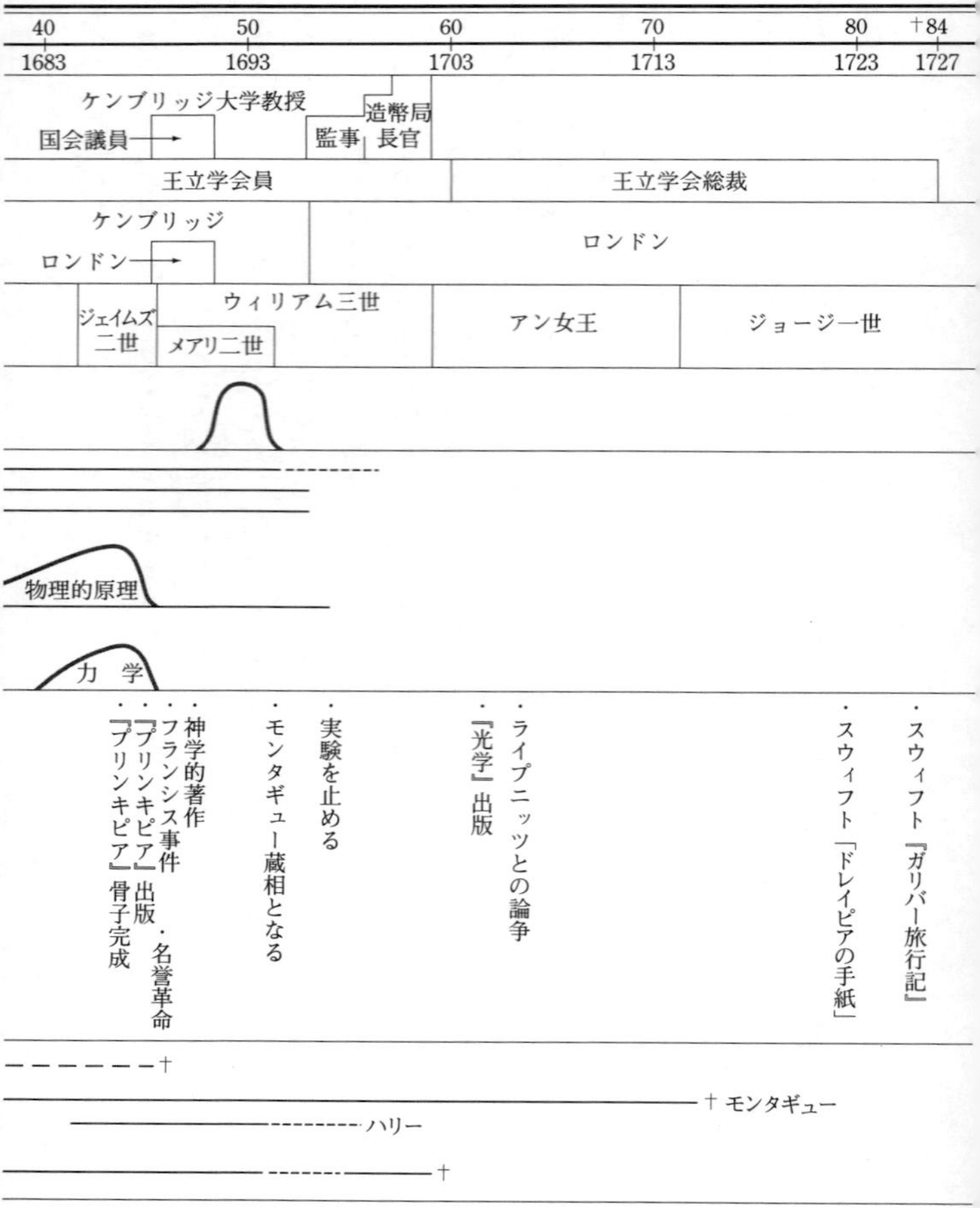

40
50
60
70
80
†84
1683
1693
1703
1713
1723
1727
ケンブリッジ大学教授
国会議員
監事
造幣局長官
王立学会員
王立学会総裁
ケンブリッジ
ロンドン
ロンドン
ジェイムズ二世
ウィリアム三世
メアリ二世
アン女王
ジョージ一世
物理的原理
力学
・『プリンキピア』骨子完成
・『プリンキピア』出版
・フランシス事件
・名誉革命
・神学的著作
・モンタギュー蔵相となる
・実験を止める
・『光学』出版
・ライプニッツとの論争
・スウィフト「ドレイピアの手紙」
・スウィフト『ガリバー旅行記』
†
† モンタギュー
ハリー
†

表1　ニュートンの生涯

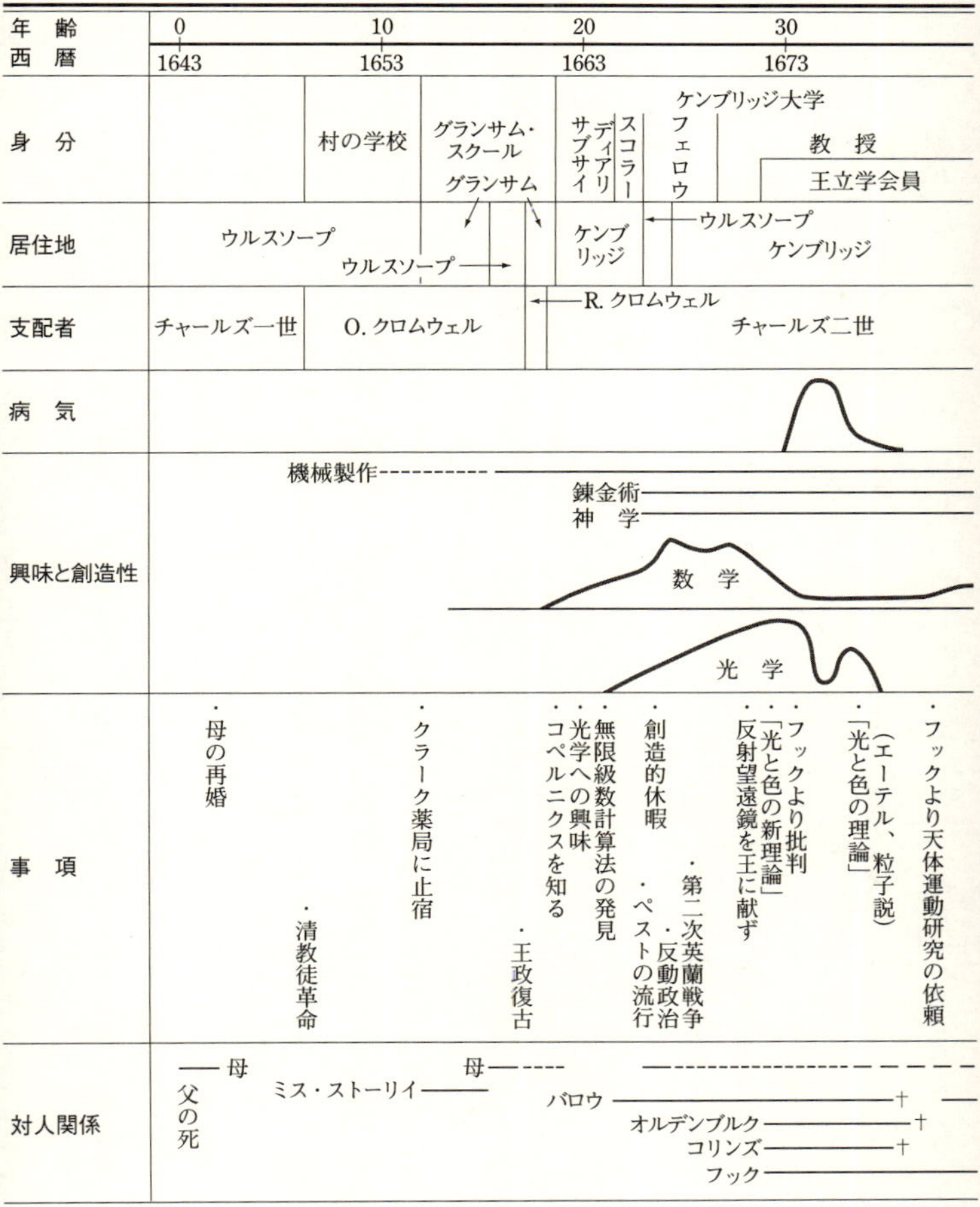
年齢
西暦
0
10
20
30
1643
1653
1663
1673
身分
村の学校
グランサム・スクール
グランサム
サブサイ
ディアリ
スコラー
ケンブリッジ大学
フェロウ
教授
王立学会員
居住地
ウルスソープ
ウルスソープ
ケンブリッジ
ウルスソープ
ケンブリッジ
支配者
チャールズ一世
O. クロムウェル
R. クロムウェル
チャールズ二世
病気
興味と創造性
機械製作
錬金術
神学
数学
光学
事項
・母の再婚
・清教徒革命
・クラーク薬局に止宿
・王政復古
・コペルニクスを知る
・光学への興味
・無限級数計算法の発見
・創造的休暇
・ペストの流行
・反動政治
・第二次英蘭戦争
・反射望遠鏡を王に献ず
・フックより批判
「光と色の新理論」
「光と色の理論」
(エーテル、粒子説)
・フックより天体運動研究の依頼
対人関係
父の死
母
ミス・ストーリイ
母
バロウ
オルデンブルク
コリンズ
フック

日のバロウとの出会いがペストの流行という危機を背景に彼に豊かな知的創造性を解放する。それが彼を世に出し、同時に批判を招き、ひいては一六七三年ごろの最初の病的状態を招来する結果をうみ、彼を隠者風の自閉的な魔術者の世界に沈潜させていく。この世界から再び彼を現実の世界へ連れ戻す〝叩き役〟を演じたフック、おだやかな支持者ハリーらによって、彼は『プリンキピア』を書き、防衛的な閉ざされた物理学の世界を完成する。最後に、モンタギューとの出会いが、さまざまな外的事情はあるにせよ、名誉革命という時代の激変の中での彼の意欲的な政治活動を誘発し、一六九二年から九三年にわたる妄想型精神病を起こさせ、晩年の賢者風の自閉的な君主の世界に安住するにいたる道をひらく、ということができるであろう。

参照文献

I. Newton: *Newton's Philosophy of Nature*, Selections from his Writings, ed. by H. S. Thayer and J. H. Randall, Jr., Hafner Library of Classics, 19., Hafner Publishing Co., New York, 1953.

A・ド・モルガン『人間ニュートン』森島恒雄訳、創元社、一九五〇年

C・И・ヴァヴィロフ『アイザック・ニュートン』三田博雄訳、東京図書、一九五八年

J・M・ケインズ『人物評伝』(「人間ニュートン」)、熊谷尚夫・大野忠男訳、岩波書店、一九五九年
E・N・ダ・C・アンドレード『ニュートン』久保亮五・久保千鶴子訳、河出書房新社、一九六八年
S・メイスン『科学の歴史』上、矢島祐利訳、岩波書店、一九五五年
A・C・クロムビー『中世から近代への科学史』下、渡辺正雄・青木靖三訳、コロナ社、一九六八年
S・ボホナー『科学史における数学』村田全訳、みすず書房、一九七〇年
N・ブルバキ『数学史』(「微分積分学」)、村田全・清水達雄訳、東京図書、一九七〇年
L・コーザー『知識と社会』(「王立学士院と近代科学の勃興」)、高橋徹監訳、培風館、一九七〇年
E・クレッチメル『体格と性格』相場均訳、文光堂、一九六六年
安永浩「境界例の背景」(『精神医学』第一二巻第六号)、医学書院、一九七〇年
I・ニュートン『自然哲学の数学的原理』(「世界の名著」第二六巻)、河辺六男編、中央公論社、一九七一年

＊　この時期以前の錬金術が精神の錬成過程であり、卑金属の貴金属への歩みでもあるというバロック的二重性、相互照応性があったのに対し、ニュートンの錬金術は端的に物質の問題であり、ケインズの「最後の魔術師」という規定はやや修正される必要があろう。(一九七八年九月、追記)

チャールズ・ダーウィン

Charles Darwin
1809–1882

ダーウィンの学問的世界

ダーウィンの『種の起原』はニュートンの『プリンキピア』とともに人間の世界観に大きな衝撃を与え、変革をもたらした科学史上最大の業績の一つである。しかしニュートンが超絶的な天才であったのに反して、ダーウィンは努力型の人であった。その学説の叙述と構成は一見常識的、平俗であり、そのため偉大さが表面に現われず、学説の独自性を見いだすのにはすぐれた解説者が必要である。

生物の進化はアリストテレス以来の問題であり、とりわけて新しい問題ではない。近代生物学の枠内でもむしろラマルクに負うところが多い。ダーウィンの独自性は、進化の要因を求めて種の変異性に関する膨大な事実を収集し、この事実を基に総合的な進化論を確立したところにある。

ダーウィンは高等な演繹的推理を生物学に適用することには批判的であった。彼はフランシス・ベーコンの経験論に範をとり、事実に即した帰納的推理を科学的方法の基本原則としている。彼は客観的事実を徹底的に収集し、この事実を慎重に検討し、ついで、これらの事実を説明する一般法則についての仮説を立てる。そしてもし、その仮説が事実に反することがわかれば何度でも修正を加えることをいとわなかった。事実『種の起原』には初版から最終の第六版にいたるまでに大幅な改変の跡が認められ、その進化理論の細部は必ずしも同じではない。

彼の学説は独創的な飛躍に乏しいといわれる。彼は思弁的な仮説をたてるのが得手ではなかった。たとえば彼が独自に創りあげた思弁的遺伝説であるパンゲン説ははなはだすっきりしないもので、彼の名声によっても継承者、信奉者が一人も出なかった。彼の進化論は、生物学に適用された経済学であるといわれるように、その発想の多くにはモデルがある。彼はマルサスの『人口論』、ライエルの『地質学原理』など既存の諸学説を摂取、修正しつつ自己の学問の領域に適用し、これらの学説を積み重ねて総合的な理論を構成したのである。

このように、事実から出発する帰納性、自己の限界を意識した良心性、理論構成の融通性、総合性が彼の学問の世界の基本的特徴である。これらは、クレッチュマーが躁うつ病圏の学者としてあげた、事実を忠実に記述し検証する実証的経験主義者、平明に叙述する通俗学者、包容力、総合力の豊かな学者などの類型に相当する。ダーウィンは躁うつ病圏に属する代表的学者といってよい。

このような学問的特徴は、彼の人間的資質と無関係ではありえない。「自然は飛躍せず」

ということばはダーウィンの愛用句であり、連続的自然観は終生変わらぬ彼の基本思想である。彼は生物の連続的変異を重視し、自然淘汰によるその集積が進化の根本原因であると考えたのである。進化の方向性など、進化における種の主体性は認めず、環境因を第一とする。生命の起原のような大問題は考察の対象外におく。彼の対象はあくまで種の起原なのである。彼の人格の本質的特徴の一つが、内外の秩序に囚われ、生の飛躍をみずからに許さない境界内停滞性にあることを思うと、彼の思想がいかに深くその気質によって規定されているかがわかる。

人格と生き方

ダーウィンは『自伝』の中で、自分が科学者として成功した重要な条件として「科学に対する熱意、無限の忍耐力、事実の観察と収集に対する勤勉」をあげている。

観察によって事実を集積し、それを忠実に記述し、経験的世界を離れない仮説をたて、観察や実験による仮説の修正に対していつもひらかれた態度をもちつづけること、これらは、前世紀のリンネによる分類学の創設につづく新種発見時代がようやく成熟期を迎えようとしている十九世紀半ばの生物学において、最も稔り多い接近法《アプローチ》であったろう。二十世紀半ばにおける分子生物学の到来まで、生物学における〝ニュートン的〟な原理的接近《アプローチ》は単なる思弁あるいは形而上学に流れがちであった。それらは先駆者、予言者の域を出なかったのである。ここにわれわれは科学の発展段階と気質との一つの出会いをみることができよう。

この性格は彼の日常生活全体にしみとおっていた。起床から就寝にいたるまで時計仕掛けのような規則正しい秩序があり、病気のときを除いては死ぬまでこの習慣を頑固に守り通した。また一度は実験してみないと気の済まぬ強迫的ともいえる実験癖があった。もっとも実験者としては器用でなかった。仕事に対する態度は綿密で秩序正しく、細部にこだわり、一つの例外も見逃そうとしない完全主義的傾向をみせた。しかも彼はたえず自己不全感に悩んだ。自分の仕事に対する極端な自己卑下は病的でさえあった。

このような熱中性、徹底性、忍耐強さ、几帳面といった執着性格(下田光造)の側面や、自己の強固な秩序に囚われる境界内停滞性、高い自己要求の背後にとり残され自己不全感に悩む残留性などの、メランコリー型(テレンバッハ)とよばれる側面はうつ病の病前性格として知られている。これらは彼の青年期から老年期にいたるまで一貫して見いだされる性格特徴である。彼の文章が、挿入句や註が多すぎてまわりくどく、明晰、簡潔さが欠如していることなどもこれらの側面と無関係ではない。会話においても、註釈が多すぎ、きく人は、はじめからきいていないと内容がよく理解できなかったといわれる。

青年時代のダーウィンは陽気、活発で交友範囲も広かった。三十歳ころからしばしば不機嫌に襲われるようになり、そうしたときには身体的にもさまざまの症状を示したが、仕事に熱中したり来客があったりすると少年のような明るさと生気がよみがえるのが常であったという。また彼には世界を直接感覚的に知覚、感受、認識し、自然物に感情移入し、自然物を人格化する傾向があった。このように陽気で同調的、感覚人的な循環気質(クレッチュマー)の特徴も生涯を通じて彼の人格の基底音として存在しつづけた。

三十三歳のとき、彼はロンドンの喧噪を逃れて郊外のダウンの静けさの中に身を移し、終生この地を離れず隠棲生活にはいる。家庭では献身的な妻の庇護のもとに大家族の家長となる。学界活動にも全く加わらず、論争を避け、ライエル、フッカー、ハックスリーらごく限られた友人たちとのみ交際し、彼らの親密な友情に支えられて研究と著作を続けていく。実験や論争など苦手なことは、これらの友人たちに肩代わりしてもらう。他方彼は長年にわたってダウンの互助クラブの役員をつとめたり、治安判事となったりしてダウンの地域社会に密着した関係を結ぶ。

このように彼は自己の住まう世界を狭隘化することによって、自己を安定させ、自己を空間に定着させようと試みる。彼は空間に依存しながら生きようとする。そしてその空間の中で科学を媒介として祖父や先輩の歴史的伝統につながろうとする。これらの姿勢はうつ病圏の人特有の時間的、空間的存在様式である。

出生と生い立ち

ダーウィンの家系は優れた科学者を輩出した優秀家系である。父方の祖父エラズマスは風変わりな人物で、禁酒家、皮肉屋であった。彼は医師であったが詩も書き、植物学にも造詣が深く、進化論の先駆的仕事である『ゾーノミア』を著わした。彼にはダーウィンと同じく、吃音があった。父ロバートは恰幅のよい肥満型の大男であった。彼は名望のある医師であり、物事を適切に処理できる実際家だったので、その地方の信頼を一身に集めていた。母は有名な陶器製造業者の娘であった。彼女の父ジョサイア・ウェジウッドはイギリス最大の陶工といわれ、近代製陶技術の大半は彼の発明にかかる。この母自身も学問や芸術に関心が深く、進取の気性に富んでおり、柔和な思いやりの深い人であったといわれる。ロバートは子供のときからウェジウッド家に入りびたり、その家の子とともに化学の実験などを行なった。つまりダーウィンの父母は幼なじみであったのである。

チャールズ・ダーウィンは一八〇九年、このような両親の第五子としてイギリスのシルスベリーに生まれた。兄が病身だったのでダーウィンは事実上の長男として家族の期待を一身に集めて成長した。母は末娘の出産後病気になり、ダーウィンが八歳のとき死亡した。

その後の彼は姉たちを母代わりとして育てられた。したがって母の記憶は乏しい。母との対象関係が稀薄であったためか、あるいは現実の記憶が母の死によってひき起こされた恐怖によって抑圧され、幻想的なものとなっていたものと想像される。これに反し父との関係は強烈で、ひかれつつも反発するという尊敬と被圧迫感の両義性を特徴としている。『自伝』の中でも「父は私の知る最も賢明な人であった反面、子供のころの私にはいささか不条理な態度をとった」と語っている。

この時期にすでに後年の博物学者の面影が現われているのは興味深い。その一つに植物、貝類、鉱物、貨幣などを手当たり次第に集めては楽しむ強迫的ともいえる顕著な収集癖がある。事物に囲まれた世界は、幼時に両親と十分な対象関係をもちえなかった彼が精神的な安息感を見いだしうる唯一の場所だったのではあるまいか。他の一つは動物に対する愛好心、慈悲心、ことに犬に対する愛着である。一般にうつ病者には犬を好む者が多い。犬との関係はいわば彼らの対人関係の象徴である。彼らはおそらく犬のもつ共感力、従順性を愛するのであろう。彼らは思うままに犬に命令を下し、犬に頼られ、慕われ、犬と精神的一体感を覚えることによって自己の隠された依存欲求と抑圧された支配欲を満たすのではなかろうか。このころ、仔犬をいじめて良心の痛みを感じたと『自伝』に書いている。この事実は自己の攻撃衝動に対する過敏さを示すものであり、この攻撃衝動が抑圧されることによって、後年、よくいわれる〝ダーウィンの動物に対する過度の慈悲心やしいたげられたものに対するあわれみの心〟となって現われるようになったと解することができよう。とにかく、収集と動物の飼育は、彼の生涯を通じて変わらない基底的な活動となったのである。

シルスベリーの「通学学校」時代のダーウィンは目立たぬ生徒で、妹より学業が遅れるくらいであった。〝学校ぎらい〟の傾向はバトラーの寄宿学校に入学してからも変わらず、学業以外の活動に熱中し、校長から〝注意散漫者〟のレッテルをはられる。当時の彼を魅了した最大のものは銃猟であった。この趣味はビーグル号による航海の直前まで続く。はじめてしぎを撃ったときの興奮の様子が『自伝』に書かれているが、この事実からも彼の隠された攻撃衝動の強さがうかがわれる。

博物学に対する関心はさらに明確な形をとり始め、鉱物採集、鳥類の観察、化学実験へと発展する。その結果父から「このままでは自分自身の、ひいては家族全体の恥になる」と強く叱責されることになる。当時のダーウィンは家族的伝統を背にした父の期待を重荷に感じ、その重荷からの脱出を求めていたと思われる。

母の死後もダーウィン家は母の実家と親密な関係にあった。チャールズは休暇にはよくそこを訪れ、陽気で自由な叔父家族の団欒に親しんだ。ウェジウッド家は、かつて父にとってそうであったように、ダーウィンにとって第二の家庭となった。ダーウィンは母なきシルスベリーの家では満たされない部分を叔父の家で代償していたようである。後年の彼の妻エマはこの叔父の末娘である。また祖父の著『ゾーノミア』を読んで感激したのもこのころのことである。

彼は父のすすめに従って医業を継ぐべくエジンバラ大学医学部に入学する(一八二五年)。父は、彼を医師にしようとかたく決心していた。しかし彼は医学部の講義に幻滅する。解剖学や外科手術に対しては病的ともいえる激しい嫌悪と恐怖感を示す。この恐怖症は彼の生来の優しさに由来すると説明されているが、これはいわば偽装された優しさとでもいうべきものであって、仔犬をいじめた挿話と同じく、抑圧された自己の攻撃衝動への恐怖と無関係ではなかろう。医学への興味は失せ、これにかわって少年時代の博物学への強い関心が復活する。彼は若き大学講師グラントと海産動物の採集に出かけ、彼を通じてラマルクの進化論を知った。銃猟への熱中は相変わらず続く。この時期の彼の心理は大学入学以前のそれと全く同じであり、同一パターンの繰り返しである。結局、再び父の介入によってエジンバラ大学を中退し、牧師になるべくケンブリッジ大学神学部に入学する(一八二八年)。この時代にもなお〝足踏み〟は続く。学校ぎらいは多少弱まり、曲がりなりにも大学を卒業しバチュラーの資格をえたものの、神学への関心は乏しかった。

後年の彼は大学の三年間を空費したという実感から逃れることができなかった。しかし実際のダーウィンは、学業はともかく、ミルトンなどの文学を愛好し、優れた友人たちと談笑し、社交や娯楽をともにしたらしい。叔父の家庭に出入りする幾人かの女性と、にえきらない交際を行なっており、複数の女性に対し同時にそれとなく気を引いた手紙が残されている。ダーウィンの息子が父の『自伝』への註で、父がこの時代を無価値としていることをいぶかっているのももっともである。一般に自伝を書くときの気分は、心が過去に向かっているうつ的な時期のものであり、過去への評価も執筆時の気分に左右されるものではなかろうか。実際はこの時期において生涯続く友情にめぐり逢い、自己決定への契機をつかんだのである。

ダーウィンの〝足踏み〟は無駄ではなかった。後年の博物学者ダーウィンの形成に大きな影響を与えた植物学者ヘンスロウとの出会いはここで始まっている。彼はヘンスロウのすすめでケンブリッジ大学地質学教授セジウィックのウェールズへの地質学研究旅行に同行した(一八三一年)。この旅行は短期間ではあったが、ダーウィンに研究者としての基礎的経験を与える機会となった。この時期はあたかも地質学の発展期、すなわち地層による地質学的時代区分の進行の時期に当たる。セジウィックは、ダーウィンが同行したこの旅にはじまる一連の旅行で古生代の地層であるカンブリア系を発見している(一八三五年発表)。おそらくダーウィンはこの発見を目のあたりにしたに違いない。自然の中の事実をきっかけに仮説がうまれ、それがさらに事実で検証されてゆく弁証法的過程をセジウィックとともに体験したことは、彼の生涯を決定する大きな契機であったと思われる。

一八三一年の彼は地質学で「虎のように働いた」。このころ彼はシュロップシャー州の地質図を作ろうとするが、途中で思ったよりもむつかしいことをさとり、放棄してしまう。しかし地質調査旅行中の手紙をみると、彼は何かは解らないがすでに壮大な構想をもっていたようである。彼は「自分の仮説は強力なもので、たとえ一日でもそれが実現すれば世界は終わりとなるであろう」などとヘンスロウに書き送っている。私信とはいえ、かなりの気負いである。おそらく彼はひそかに社会的(対父親的)に自立を達成しつつあると幻想しており、この幻想を背景にいささか誇大的、躁的な気負った気分になっていたのではないだろうか。

この気分の下で彼はフンボルトの『南アメリカ旅行記』を読み、大きな感銘をうけた。この書物とダーウィンの『ビーグル号航海記』とのいちじるしい類似性をみても、ダーウィンがいかにフンボルトの思想に共鳴し、これを自己の血肉の一部と化したかがわかるであろう。彼はフンボルトがすばらしい記述をしている大西洋上のカナリア諸島へ行く計画をたて、ヘンスロウを誘う。フンボルトの本に感想を書き込みヘンスロウに渡す。ヘンスロウも自分の感想を書いてダーウィンに渡す。このように二人の間には一種のノート交換が行なわれた。しかしすでにケンブリッジの植物学教授であったヘンスロウは、十四歳年少の博物学愛好の牧師の卵の熱心な求めにいささか閉口したのではなかろうか。初めは同行を約しておきながら、再三実行を延期している。ダーウィンは繰り返し催促する。カナリア諸島行きに備えてスペイン語を勉強している様子などを書いて圧力を加えたりした。おそらくダーウィンはこのカナリア諸島行きを自己決定の契機として重視し、実行をあせっていたのであろう。そしてありうべき父の怒りを緩衝するためにも、父からの分離による自己不確実感との直面を代償するうえでも、ヘンスロウに大きく依存していたに違いない。ヘンスロウにはこれが重荷だったのかもしれない。ビーグル号による世界周航に際し、艦長フィッツロイが私的に雇う博物学者を求めていることをダーウィンに知らせ、ダーウィンを推薦したのはヘンスロウである。これはむろん従来いわれているようにダーウィンの才を認め「ただの神学者ではない」とみたからではあるだろうが、ヘンスロウにとってはカナリア諸島旅行への同行をとりやめる代償という含みがあったと推定してよいのではなかろうか。

『ビーグル号航海記』

ビーグル号による航海(一八三一—三六年)は彼の生涯を決定づける重大な出来事であった。ヘンスロウの推薦ははたして彼を牧師にしようとする父の徹底的反対にあった。「行くにしても父に嫌われると私の全エネルギーが消失してしまう」と彼はヘンスロウに書く。彼は母方の叔父に説得を頼み、そのおかげでやっと父の許可をうることに成功する。父に見離されることを恐怖し、正面からの父との対決を避け、叔父の権威を借りて事を処理する、この迂回的なやり方にはうつ病者らしい人格特徴が出ている。

彼の乗ったビーグル号は出航直前しけに逢い、プリマス港に半月も停船した。そのとき彼に最初のうつ病の兆候が現われる。『自伝』の中で「この時期は一生のうちで一番みじめなときであった。天候は陰うつ、船は停泊中であり、長い間家人や友人に別れるかと思うと心は乱れがちで、胸に痛みを感ずる」と述べている。ダーウィンにとってこの航海は父からの背反・自立を意味するが、その際ヘンスロウへの甘えには〝あてはずれ〟が起こり、うつ病者らしい自立の幻想性が露呈してしまう。今さら引き返せない彼は気負いとともに不安や罪悪感を感じたことであろう。このような葛藤状況を乗りきるのに躁うつ病者はしばしば葛藤を無視して遮二無二行動する。すなわちここで満帆に風をはらんでただちに出帆することが必要なのである。それがはばまれたとき、うつ的気分が生じたとしても不思議はない。

しかしひとたびビーグル号が大西洋に出ると彼は、規律ある海軍の集団生活に適応し、若き博物学徒として、生涯でも最も快活で行動的な生活を送る。共通の目的をもった同性のみの集団生活は、一般にうつ病者の生き方に最も適ったものである。晩年にいたるまで彼が好んで子供たちに語りきかせたのはこの航海の思い出であった。子供たちは乗組員一人一人の名まで覚え、彼らをまるで実際の知己のように感じていたという。

五年間にわたる長い航海の間、ダーウィンは感覚人特有のみずみずしい官能で未知の自然に触れ、自然に教えられながら成長した。同時にフンボルトの諸著作やライエルの『地質学原理』も彼の師であった。彼はフンボルトの目を通して憧れの南アメリカを見る。「とくにこの日は終日、「うすい水蒸気は空気の透明度を変化させず、空気の色をいっそう諧和的なものとし、またその効果を柔らかにする」という、フンボルトがしばしば用いた表現に感銘した。……半マイルから四分の三マイルをへだてて眺めた近い空間の大気は、全く透明であるが、それより遠いところはこの上もなく美しい霞の中にあらゆる色が入り混じって淡いフレンチグレイに少し青みがかっていた。」(『ビーグル号航海記』一八三二年四月四日―七月五日)これは感覚人ダーウィンの目で確かめられた感覚人フンボルトの文章である。「私はフンボルトを以前は讃えていたのですが、今は崇拝しているといってよいでしょう。私が熱帯にはじめて足を踏み入れたとき、私の心の中に起こった感覚にことばを与えてくれたのはフンボルト唯一人なのです。」(一八三二年五月十八日、ヘンスロウへの手紙)そしてライエルの原理によって南半球の地質学的現象を眺めるが、彼の目は次第に地質から動植物相に転じられ、同時に次第に彼自身の目となってゆく。そして生物の変異も地質の変化と同様に自然的原因によってきわめて徐々に生じたものではないかという考えに到達する。ここにダーウィンの進化論の萌芽がある。

『ビーグル号航海記』(以下『航海記』と略す)を読めば、艦がアメリカ大陸の海岸をまわり、オセアニア、インド洋を経めぐるにつれて次々に新しい地理的、地質的、動植物的、文化的世界がひらけてくる。この状況は、感覚人的ないきいきとした観察を喚起し、その観察に触発されて仮説がうまれ、それがまた新しい観察によって再検討され、より発展した仮説に進む、というダイナミックな弁証法的過程をうながす状況である。事実、後にふれるように、一八三三年から三四年にかけて、ビーグル号が一年余も南米の尖端マゼラン海峡のあたりに測量のため停滞したときには『航海記』の記事も少なく、うつ的不全感を訴えた手紙を残している。総じて彼の感覚はこの時代に大きく世界に向かって解放されたといえる。『航海記』の筆致が活気に溢れているのに比べ、後の『種の起原』がややも沈うつで単調なのも偶然ではない。

ビーグル号の航海はダーウィンにとって自己決定の最後の猶予であり、最後の試みにほかならなかった。彼はこの航海の間に、彼が自己と同一視したフンボルトやライエルなどの〝モデル〟を内的に摂取しながら自己を形成し、博物学者としての将来の方向を決定することができたのであった。そもそも旅行の本質は期限付きの〝猶予〟であり、とくに世界周航は出立であると同時に回帰であるという二重性に特徴づけられる。事実、船が周航を終えて再びブラジルのバイーアに入港したとき、彼は熱帯の自然が「以前と同じように」見えることを喜んでいる。ダーウィンは父の世界からいったん出立し、『ゾーノミア』によって象徴される祖父の世界に回帰することによって父を越え、父の世界を直接継承する場合の〝父に勝てない〟という不全感を免れ、自己を確立したということもできよう。

ダーウィンはビーグル号上でライエルの『地質学原理』をひもときながら、その中に「種の起原の問題は「神秘中の神秘」に属することだ」と書いてあることを知った。そしてダーウィンはまさにガラパゴスへやって来たときの感想を『航海記』にこう記している。「この群島はいかにも小さいものであるにもかかわらず、そこには多くのいろいろ違いながらしかも共通なところのある種がいる。しかもそれらの分布地域は驚くほど狭い。……これらの根拠からかのいわゆる「神秘中の神秘」に属する大問題である新しい生物がこの地球上にどうして生まれるかということについて手がかりがえられるように思う。」ライエルが「神秘中の神秘」であるとしてたちどまった地点から先にすすみ〝父〟ライエルを乗り越えて種の起原に取り組もうとするダーウィンの気負いが行間に感じられる。

さて、イギリスへの帰国(一八三六年)は、長い航海の終わりであるという〝荷おろし〟を意味すると同時に、その成果を世に問い、博物学者としての出発を迫られる負荷の状況でもあった。帰国後まもなく、彼はまだ見ぬ師であるライエルと出会う。ライエルはこの若き博物学者を受容し、激励のことばをかける。以後ライエルとの親密な関係は終生変わることなく続き、ライエルは常にダーウィンの擁護者、好意ある批判者であった。初期の著作『ビーグル号航海記』、およびいわゆる地質学三部作の完成はライエルの助力にまつところが大きかった。

彼の帰国はみずからの期待に反してさほど歓迎されず、苦心して収集した標本を整理する専門家も一向に見当たらず、失意にうち沈む。彼はすでに出発後半年にして自分のノートのとり方に疑問をもち、自分の記載した事実が他人に興味をもってもらえるかどうかわからないとヘンスロウに書き送っており(一八三二年五月十八日)、航海の第三年目(一八三四年)には自分の標本収集が実に不完全なもので、無価値であり、学界にとりあげてもらえないのではないかという不安がきざしていた。この心配がいまや現実となったのである。ほかから是認を与えてもらえないとき、自己不確実感、不全感、自己非難におちいりやすいのが執着性格の常である。帰国後も彼は決して黙殺されたのではなく、単に博物学者たちが皆自分の仕事に忙殺されていただけのことであった。しかし彼の中には、自分の標本のために手を空けて待っていてくれてもよいではないかというひそかな甘えがあった。この〝あてはずれ〟はかつてのヘンスロウへの甘えにおける〝あてはずれ〟と同じく、ダーウィンには病原的であった。彼自身が整理を始めると、執着性格的な几帳面さと熱中性のため無限の時間を要するのであるが、しかも彼は約束上『ビーグル号航海記』、『ビーグル号探検報告(動物学の部)』の執筆を迫られていた。これは一つの窮地といえよう。フンボルトは同じく五年旅行で三十巻の旅行記をものにしている。モデルの偉大さに比べたときダーウィンはひとしお強い不全感を覚えたのではなかろうか。

帰国の翌年(一八三七年)彼はロンドンに移るが、その秋には病気の兆しが現われ、心悸亢進、めまい、吐気、不眠などに悩まされ、医師からは仕事をやめて転地するよう指示される。しかしこの間病気を押して地質学会書記となり、約三年間つとめている。ビーグル号に関する著作を二年近くを費やして完成し、博物学者としての市民権を獲得し、健康も回復した一八三九年の秋、彼は三十歳で母方の従姉エマと婚約し、まもなく結婚する(一八三九年)。エマは彼の母の面影を映しているような女性で、彼より一つ年上であった。自己の病身を自覚していたダーウィンは〝女性〟を選ぶことを断念し、なによりもまず自分を保護し依存させてくれる〝母性〟を近親の中から求めたのである。大学時代交際していた女性たちが、彼の航海中に次々に結婚していくのを知って、彼は感慨にふけっている。やり直しのきく青春は決定的に去り、諦念と責任の年齢が始まったことを思い知らされずにはいられなかったであろう。

結婚後はビーグル号航海の地質学三部作の第一部である『さんご礁の構造と分布』(以下『さんご礁』と略す)の執筆にはげむ。さんご礁に関する学説の骨子は航海中すでに完成していたのに、著作の脱稿までには二十ヵ月を要している。この間彼はしばしば病気に見舞われる。一八四〇年、三十一歳のときの手紙には「僕は本当に老いぼれ犬みたいになった。人間は年をとるとだんだん馬鹿になるようだ」と書いている。

一八四二年、『さんご礁』の仕事を終えた彼は健康をとり戻し、『種の起原』の理論の要旨を書きとめている。これをみると『種の起原』はフンボルトの大著に比すべきものとして構想されたように思われる。「種の起原研究ノート」はすでに帰国の翌年に書き始められているが、これはその後も中断されることなく、丹念に根気強く続けられていくのである。

ダウン転居

“ダーウィン空間”の象徴であるダウンの家

一八四二年秋、ダーウィンはダウンに転居した。これが彼の生涯の大きな転機となった。そこには『ビーグル号航海の動物誌』五巻(一八四〇—四三年)の刊行が契機として働いたに違いない。航海の記録はついに目に見える形になった。このことは、感覚人である彼にとってまさしく一つの時期の終わり、一つの〝荷おろし〟であったはずである。しかし責任を果たしたことが彼にうつ的気分を起こすよう働いたとしても、うつ病の病理からみれば自然である。以後の彼は学界における公的活動をいっさい断念し、ダウンの田舎に引きこもり、終生この地に隠棲し、研究と著作に専念する。この決断は、荷おろしに続くうつ状態の中で自己の可能性を断念し、自己限定をはかることによって自己を防衛しようとするもので、彼の結婚の決意の場合とある種の共通性が見いだされる。ダウンの住居選択の際には、土地の風光、住居の位置、日当たり、間取りなどに厳密な吟味を加え、転居後もさっそく樹木を植え、家の模様替えを行なうなど、固有な空間を創造する際のうつ病者特有の註文の多さ、徹底性が認められる。

転居後も主として地質学に関する研究を続け、『火山島についての地質学的観察』(一八四二—四四年)、ついで『南アメリカの地質観察』(一八四四—四五年)を執筆して地質学三部作を完成する。この間にもしばしば健康がすぐれず、一八四四年には自己の不慮の死を思い『種の起原の概要』を遺書の形で書いているところからみても、病気がかなり重かったものと想像される。

一八四三年、フッカーが四年にわたる南極探検旅行から帰国したあと、二人の関係は急速に親密の度を加えていく。八歳年少のフッカーはダーウィンよりもはるかに屈強で、政治的力量をも合わせもった、行動型の男であった。このフッカーは、後年ヒマラヤを旅行し、レプチャ人の助手一人を連れてシッキムに潜行し、シッキム政府のおたずね者となり、野生のテンナンショウを泥に埋めて毒抜きしたもので生命を繋ぐ破目におちいる。しかし彼はなお屈せずに植物採集を続け、さらに当時世界最高峰とされていたカンチェンジュンガ登山を目指す。六ヵ月後、標本を隠してから囚われの身となった彼は、シッキム政府に交渉、ついに釈放をかちとる。帰国後刊行した『ヒマラヤン・ジャーナル』は今日でもこの方面の古典と仰がれている。ダーウィンはこのようなフッカーの中に自我の弱さ、不確実さを補強する〝相手〟を見いだしたとみてよいだろう。ダーウィンはフッカーに「君と喧嘩すると、ぼくの考えが不思議にはっきりする」といっている。

『種の起原』の完成

地質学三部作完成後の一八四六年ごろ、病気から回復したダーウィンに、今度は学問のうえで大きな転機が訪れる。彼の関心は航海中の興味の変遷のパターンを繰り返すかのように、地質学から動物学に移り、蔓脚類《まんきやく》(カメノテ、フジツボなどを含む甲殻類の一種)の研究を始める。地質学三部作や『種の起原の概要』などこの時期までの彼の博物学の著作には、後年の生物学の著作に比べて直観的、演繹的な理論構成、体系化への志向性が見いだされる。そのころの彼はライエルの原理に倣いつつ、フンボルトの『コスモス』にも似た壮大な博物学の体系の確立を目指していたのではないかと想像をめぐらすこともできよう。彼は師ライエルとフンボルトの世界の基調である演繹的理論構成や体系化の意図を達成すべく無限の努力をする。しかしこの遠大な企てに挫折し、自己不全感、絶望感に襲われ、自己の資質の限界を感じた結果、学問の領域を生物学に限定し、ダーウィン的原理ともいうべき、事実の集積、帰納的推理、総合的構成によって己れの学問の再展開をはかっていく。このように眺めれば、蔓脚類の分類という狭隘で具体的な領域への彼の方向転換の本質がすでに述べた結婚、転居のそれと同質のものであることがわかるだろう。

『蔓脚類の研究』はこの自己狭隘化の時期にふさわしい、甲殻類の一部の、即物的で細密な博物誌である。彼が蔓脚類に興味をもったのはチリでの体験によるもので、ビーグル号以来の課題の一部ともみられよう。しかしこのごく一部であるはずのものを完成させるのに彼は八年(一八四六―五四年)もの年月を要している。この著作はある意味で最もダーウィン的な研究といえる。彼の研究は蔓脚類全部の分類、形態、発生を網羅し、現存種ばかりでなく化石種にまで及んでいる。彼は種を截然と区別しようとするが、あまりにも綿密な目がこれをはばむ。またあまりにも正確さを求めるために仕事が遅々としてはかどらず、量と質との矛盾に悩む。また完全性を望むあまり研究領域が無限に拡がり、際限がなくなる。彼自身まるで自分が迷路の中にいるかのように絶望して立ちつくしてしまう。この研究はいわば彼自身の高い自己要求との闘いにほかならず、執着気質の人のもつ性格構造の自己矛盾性がここに集中的に露呈され尖鋭化されている。これは彼らにとって典型的な発病状況にほかならない。しかし彼がこの研究で「種」とは何かを、いわば「種の実体性」を体験したのは貴重である。前半の博物学から後半の『種の起原』への展開を媒介するものとして『蔓脚類の研究』を再認識してもよいのではなかろうか。すでに一八四四年に『種の起原』の第一のプロジェクトがたてられており、『蔓脚類の研究』にはこのプロジェクトが影をなげかけていると考えられる。『種の起原』は『航海記』における地理的分布からみた「種の連続性」と『蔓脚類の研究』における系統的分類学上の「種の連続性」という、二つの角度からみられた「種の連続性」体験のうえに立って構想されていったと推定することが可能であろう。

しかしこの過程で彼は約二年間病気となり、仕事が全くできない日が続いた。病気のため父の葬儀(一八四八年)にも出席できず、しばしば療養地に出かけて水治療をうけ、自宅にも灌水浴槽を設けて水治療を試みている。これはうつ病者によくみられる自己治療への嗜好性であろう。このうつ状態は、彼の最良の相談相手であったフッカーがインド旅行に出かけて四年間(一八四七—五一年)不在だったことにも関係があるだろう。フッカーの帰国後ダーウィンの仕事が少しずつ完成しはじめ、健康も回復している事実からみてもこのことはうなずける。なお、後年「ダーウィンのブルドッグ」として進化論弁護の闘士となった若き生物学者ハックスリーと知己になったのもこのころである。

『蔓脚類の研究』によって「種」を体験し、生物学者としての市民権をえた彼は、いよいよ『種の起原』の執筆の準備を始める(一八五四年)。学説の骨子はすでに十年前に組み立てられていたが、さらに資料を集め、みずから動植物を飼育、栽培し、関連領域の知識を集めるなど、高い自己要求と自己不全感に基づく無限の努力はとどまるところがない。これを見かねたライエルとフッカーの熱心な忠告に従って、ダーウィンはやっと『種の起原』の執筆に着手する。しかし当時の彼の計画は、後に刊行された『種の起原』の数倍の分量のものであったといわれ、一向に完成する気配がない。結局、一八五八年初夏に起こったウォレスの論文発表という外的事情に強制され、友人たちの賛同や支持や促しによって自己の学説の要旨という形で『種の起原』が誕生することになる。このような外的事情が最初に意図した大著の執筆を断念させなかったならば、ダーウィンの進化論は永久にうまれなかったかもしれない。現実の『種の起原』は、計画縮小を繰り返した後、執筆にも十三ヵ月を要し、一八五九年に初版が刊行された。しかしこの執筆中にも彼は病気におそわれ、転地をしたり水治療をうけたりしている。

『種の起原』は全十四章より成るが、その第六章は「学説の難点」、第九章は「地質学的記録の不完全性について」であり、読者の非難を予想し、それに対する弁明を著作の中間においた、他に類をみない構成となっている。「読者はここまで読みすすめられるよりずっと前から、すでに多数の難点に気づかれていたことであろう。その中には、私をたじろがせるほど深刻なものもある。」第六章はこのように始まる。彼は弁明を巻末まで待てないのである。不全感と自己不確実感に支配された執筆中の気分の反映をここにみることは無理ではない。ほかにも『種の起原』には批判に対する弁明が多すぎるくらい書かれている。同じく批判に対する防衛であっても、ニュートンは個々の批判を予想していちいち弁明するのではなく、ユークリッドの幾何学に比すべき完璧な体系を作って自己を防衛しようとしている。これはまさに両者の気質の差に由来する。

ここで見逃せないのは、『種の起原』の完成に果たしたフッカーの役割である。当時、ダーウィンとフッカーとの関係はすでに「友情以上の深い関係」(『自伝』)であった。フッカーは足繁くダウンを訪れ、しばしば数週間も滞在した。フッカーは植物学の知識を与え、実験の依頼をうけたりする。フッカーはダーウィンの支持者であり、批判者でもあったのだ。

ひとたびダーウィンの新説が発表されるや、それは大きな反響を呼び、宗教的観点からの激しい反対を惹起した。彼の新説に共鳴し、新説の普及に自己の使命を感じたハックスリーがオックスフォードでの論争で新説を弁護し、「ダーウィンのブルドッグ」としての面目を発揮したころ、ダーウィンは病気がちで外出もできなかった。おそらく自説に対する批判が彼の健康に影響を与えていたのであろう。ダーウィンは、自説への批判に対し、いっさい反論に立たなかった。

しかし、一方でダーウィンは、フッカーが園長をしていたキュー植物園に多額の寄付をしたり、支持者のハックスリーが病気をしたり、同じく支持者のミューラー(『ダーウィンのために』一八六四年、の著者)が災害にあって無一文になったりしたときには金を与え、ウォレスが不如意のとき、国家から年金が出るようにしてやったりしている。ダーウィンは、結局彼の主な支持者に金を贈っている。ここに「反対給付ぬきの、無償の行為をなしえない」(シュルテ)うつ病者の特徴をみることができよう。

晩年のダーウィンは、『種の起原』から割愛された資料をもとに、書かれざる大著の一部に相当する『飼育動植物の変異』、『人類の起原』、『人間と動物の表情』などの著作を残すが、不全感との戦いはそのたびに再燃し、彼は終生病気からまぬがれることができなかった。

ダーウィンの病気

ダーウィンの生涯には病気が影のようにつきまとっていた。彼の病気の徴候は易疲労性、頭痛、めまい、嘔吐、不眠、心悸亢進などの自律神経症状が中心である。彼の病気が何であったかについてはさまざまな意見があって、いまだに定説がない。南米で感染したシャガス病の結果であるともいわれ、また一種の神経症であったともいわれる。しかし最初の徴候がすでにビーグル号出航直前に現われているところをみると感染症は疑わしい。われわれ精神医学者の目から見ると、彼の病気は自律神経症状が前景に立ったうつ状態、つまり自律神経性うつ病とみなすのがまず穏当な見解ではなかろうか。

家系的にみると、彼の祖父、父、次男(宇宙物理学者)、三男(植物生理学者)、五男(工学者)、長女(文筆家)が似た症状を呈したことも、この見解を支持するだろう。うつ病の遺伝規定性は少なくないが、同時にダーウィンの子供たちの中でも家族的伝統である学者の道を選んだ者が症状を呈したことも注目しなければならない。銀行家だった長男、軍人だった四男はこの病気をまぬがれているらしいのである。この場合、気質と職業選択との相互関係ばかりでなく、フロム＝ライヒマンがつとに指摘しているように、うつ病は同胞の中でも傑出した、期待をかけられた成員を侵しがちであり、とくにその成員が家族的伝統を引き受けるか否かが重視されるべきである。植物学者の三男フランシスが父の実験の助手であったのは不思議ではないが、宇宙物理学者の次男ジョージさえも、天文学に進化の問題を移し、「潮汐進化説」をたてている。

彼の生涯を、病気との関連において時間を追って眺め、とくに仕事とのからみ合いに注目してみよう。

彼の家族はユニテリアンという宗教的少数派に属し、十八世紀以来、学者、医者、牧師を輩出させてきた知識人の家系である。このような家系の常として、ダーウィンの家も伝統意識、家族意識が強く、家族の成員は一体となってそれを維持、発展させるべく、相互の愛情や受容性に依存しあうといった家族であった。このような家庭はたしかに分裂病者をうむようなゆがみをもっていない。しかしそこに生まれた子供は家族の一員という見地では尊重されるが、一個の人格とみなされず、家族を離れて一対一の信頼関係を寄せる相手を見いだすことはむずかしい。たしかに年長者たち、家族を背負って立つ家長は、家族的見地から子供を適切に監督し、指導する。ダーウィンに対する父親の態度はまさにそのようなものであった。母親を早くに失ったこともあってダーウィンには甘えたくても甘える相手がなかった。これはダーウィンと共通点の多いフロイトやウィーナーの幼年時代と区別するうえで重要な点である。このような家族、このような幼年時代は、フロム＝ライヒマンや土居健郎のいうようにうつ病者の発生しやすい状況である。

ダーウィンの場合注目すべきことは、幼少年時代を通じて父からの要請に対し自己決定の猶予を求めつづけたことである。この自己決定の猶予は苦痛にみちたものであり、恐怖、不安、強迫など幾分神経症的な少年時代を送らせる原因となったであろう。しかしそれにもかかわらずあえて猶予期間を求め、それに耐えたことはダーウィンの内的な強さの証しであり、またこの猶予なくしてはダーウィンが創造性を発揮する場へ出ることはなかったであろう。うつ病の発病はもとより、執着気質的な苦渋のかげもまだこの時期には彼の生を彩っていないことに注意したい。

一八三一年から三六年にいたる期間はまさにこの猶予の撤回、自己決定の時期である。この時期はセジウィックに随行した国内の地質調査旅行(一八三一年)とビーグル号航海(一八三一—三六年)の二つの旅によって飾られている。実際、前者は後者のひな型であり、ダーウィンの自己決定という見地からみれば二つのパターンは同じである。自己決定への内的要請による気負いと自然からの官能的な強い促しによって軽躁的高揚状態となり、壮大な自然の体系的記述の計画がうまれてくる。ついでこの計画を現実化するべく自己の努力を高め、盲目的に状況を乗りきろうとする執着性格の側面が顕在化する。国内探査旅行の際のシュロップシャー地質図作製の試みもその現われであるが、ビーグル号の航海においては膨大な標本を収集し、克明にノートをとるなどの努力を重ねながらなお不全感に悩まされている。後に述べるボーアと同じくダーウィンにおいても、自己決定に踏みきって後にはじめて、不全感にさいなまれながらの無限の努力という執着性格の特徴が前面に現われてくるという連関性がみられる。

一方隠れた依存感情が露呈してくるのも、この自立を契機にしているようにみえる。国内探査旅行の期間に計画されたカナリア諸島旅行に対しては師ヘンスロウが同行してくれるはずだという甘えがあり、ビーグル号航海中には帰国後一流の学者たちが標本を整理してくれるだろうと期待する甘えがあった。ここにうつ病者特有の〝自立の幻想性〟すなわち自立の裏にひそむ依存性をみることは誤りではないであろう。そもそも彼は父のすすめに逆らって父の世界から出立するかにみえたのであるが、この出立は実は祖父の世界への回帰であり、祖父に繋がり精神的に依存することによって父を越え、自己を決定するという伝統志向的な疑似的出立であった。うつ病者の自立、自己決定は多分に幻想的なものであって、結局彼らは永遠の少年であり、生涯、真の自立、自己決定の達成を求めつづけるのである。

ところでビーグル号によるこの航海が彼の博物学者としての自己決定の最後の契機となる。この航海において彼に幸いしたものは、仕事が義務、日課という一つの枠にはめられたこと、日々展開してくる属目の自然と思索との間に弁証法的関係が存在したこと、海員たちの間での規律ある生活を送ったことであった。これらが彼の循環気質的な面と執着気質的な面との間にある調和をもたらし、仕事を進め、発病を防いだのではなかろうか。

一八三六年の帰国以後はこのような日々の幸福な調和は失われる。航海の完了は一見〝荷おろし〟であるかにみえるが、実は、標本を整理し、ノートをまとめ、報告書を書く責任という新しい負荷の始まる時点でもある。しかも未踏の自然に直接触れてゆくという感覚人的喜びは失われ、対象となるのはすでに収集されたもの、書かれたものである。それは外化された記憶にほかならず、彼の時間意識はいきいきとした未来を奪われ、はっきりと過去を志向した力動に転じ、彼の執着性格的側面が前景に立つことになる。しかもあてにしていた援助はさし当たりえられない。これらはすべてうつ病をうながす状況因にほかならない。

その後彼は生涯にわたって、症状の消長はあるにせよ、うつ病から決定的に解放されることはない。しかし彼のうつ病は自律神経性うつ病の段階にとどまり、深い生命的悲哀、抑制を呈する真のうつ病相にいたることもなかった。

このような彼の病気の経過と症状の特徴は、終生彼が自分自身で仕事を行なっていた事実と無関係ではあるまい。従来うつ病発病の状況因として目的喪失が、その抑止条件として目的志向性緊張(シュルテ)があげられている。ダーウィンはたえず目的をみずからの中から再生産することができたため、致命的な目的喪失におちいることはなかった。とくに、彼には自己の不全感を決定的に止揚するはずの幻想的な大目標とともに、当面の現実的努力目標が常に存在した。このような目標設定の二重構造性と両者の間の一種の調和が彼の特徴であり、これは彼の一種の現実感覚、平衡感覚に由来するものであろう。現実の目標を見失わず、しかも一方で病気やあるいは友人の助けによって現実との妥協をはかり目標

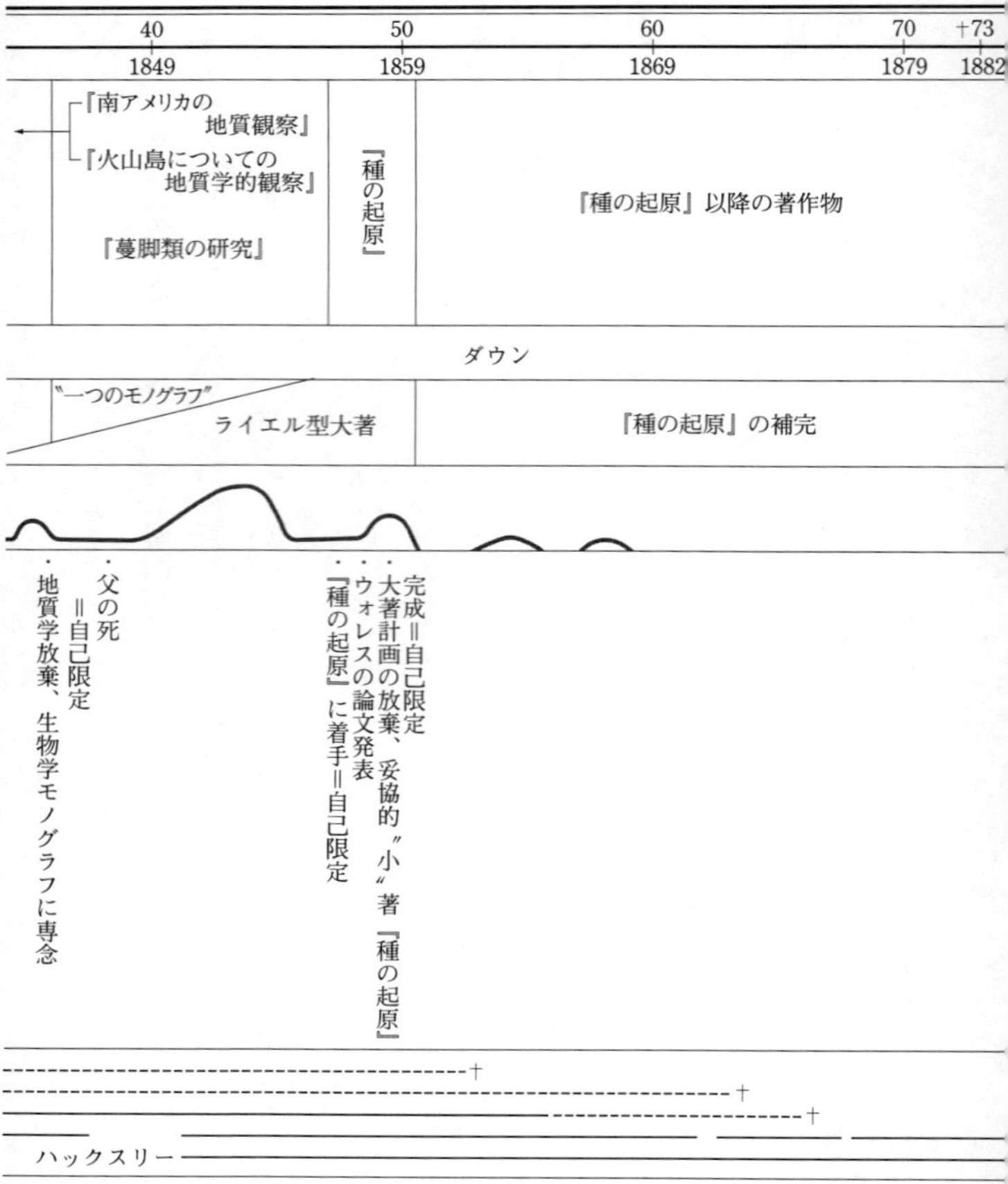
40
1849
50
1859
60
1869
70
1879
+73
1882
『南アメリカの地質観察』
『火山島についての地質学的観察』
『蔓脚類の研究』
『種の起原』
『種の起原』以降の著作物
ダウン
〝一つのモノグラフ〞
ライエル型大著
『種の起原』の補完
・地質学放棄、生物学モノグラフに専念
・父の死＝自己限定
・『種の起原』に着手＝自己限定
・ウォレスの論文発表
・大著計画の放棄、妥協的〝小〞著『種の起原』
完成＝自己限定
ハックスリー

表2　ダーウィンの生涯

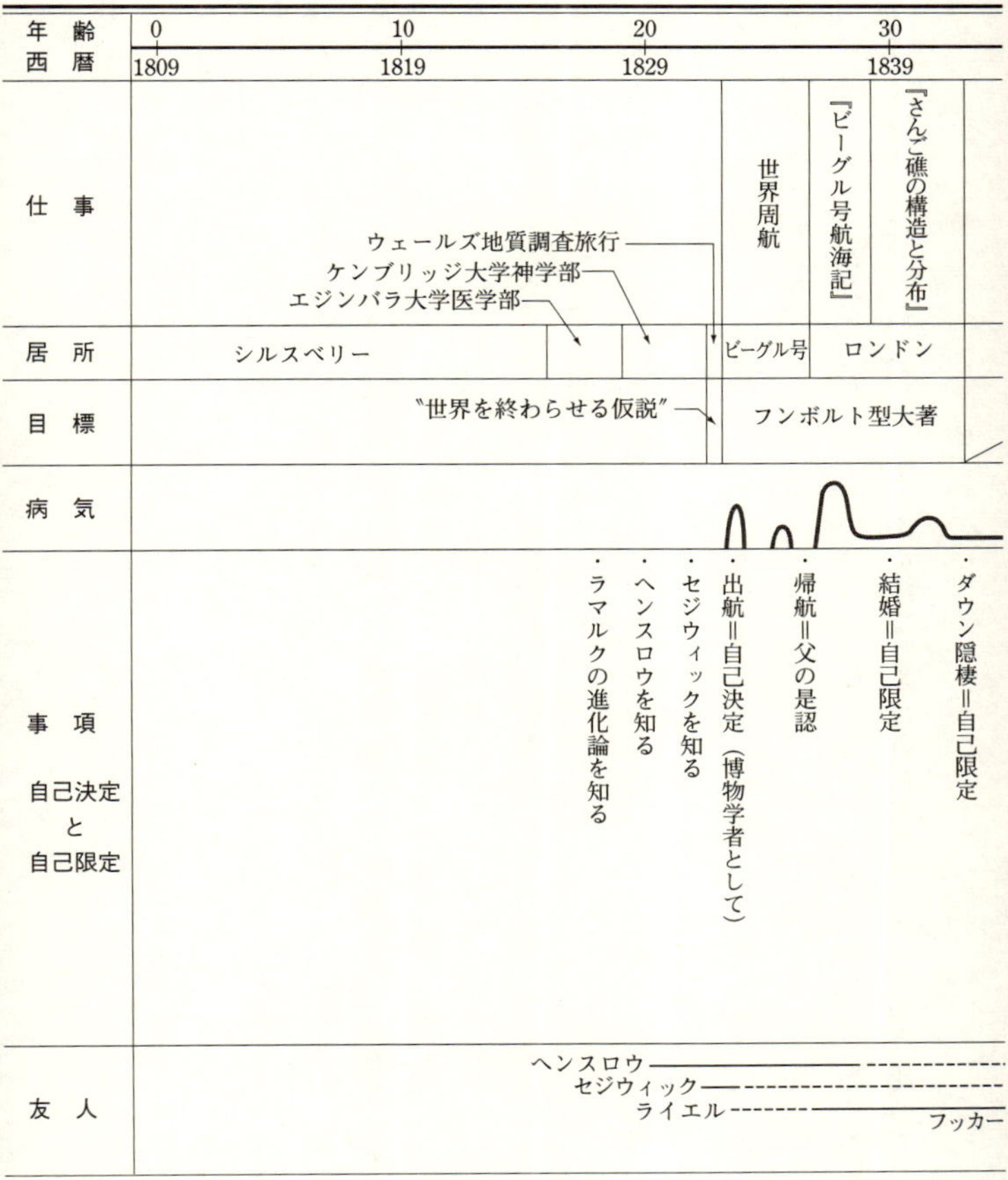

年齢
西暦
0
10
20
30
1809
1819
1829
1839
仕事
ウェールズ地質調査旅行
ケンブリッジ大学神学部
エジンバラ大学医学部
世界周航
『ビーグル号航海記』
『さんご礁の構造と分布』
居所
シルスベリー
ビーグル号
ロンドン
目標
"世界を終わらせる仮説"
フンボルト型大著
病気
事項
自己決定
と
自己限定
・ラマルクの進化論を知る
・ヘンスロウを知る
・セジウィックを知る
・出航＝自己決定（博物学者として）
・帰航＝父の是認
・結婚＝自己限定
・ダウン隠棲＝自己限定
友人
ヘンスロウ
セジウィック
ライエル
フッカー

を修正し、現実化してゆく、このことが彼が真のうつ病相にいたることをはばみえた条件である。と同時に、幻想的な目標は常に彼を仕事へとかりたて、しかも彼が仕事を続ける限り執着性格の自己矛盾が尖鋭化して、彼はどうしてもうつ病から逃れることができない。ダーウィンの病気と仕事との関係を図式化すれば、仕事への気負い→幻想的大計画→具体的小計画→執着性格的努力→心的危機→病状の悪化→病気を媒介とした断念→友人を媒介とした現実との妥協→仕事の完成→生活空間の再整理、狭隘化(自己限定による人生の転機)→再び仕事への気負い、ということになろう。彼にとって仕事の完成は不全感を本質的に解消するものではなく、常に現実との不本意な妥協にほかならなかった。このことがまた彼に次の気負いをうみださせ、仕事の完成後彼はいわば戦線を縮小しつつ建て直しをはかり、病気と闘いながら、同じ順序で仕事を進めることになる。

一八三八年の『ビーグル号航海記』の完成は目標喪失をも来たしかねない一つの危機であったが、幻想的な大計画は先に延ばしつつ、さし当たり『航海記』を補うものとして地質学三部作の執筆を計画し、病気に苦しみながらこれを完成する。これに伴って彼は結婚、ダウン隠棲、蔓脚類分類学への転向などという自己限定をはかり、狭隘な空間の中に隠れ、それに依存しつつ、幻想的大計画の一部にあたる『種の起原』という内発的な仕事を展開させてゆく。一般にうつ病者にとって、内発的な仕事は外から与えられた仕事に比べていっそう困難なものである。しかし彼はみずから飼育、実験、観察を行なうことによって感覚人的特性、時間意識の未来志向性などの循環性格的側面をよみがえらせ、フッカー、ハックスリーらの友情に強く支えられて、執着性格的自己矛盾から脱却し、『種の起原』という自己決定の最後の証しにいたるのである。『種の起原』完成後の彼はそれを補完する一連の仕事によって目的志向性緊張を維持はするが、そのために払われた執着性格的努力のために彼は終生病気から解放されることはなかった。

生涯を通じて彼の病気は彼の自己発展、創造活動と拮抗するが、また逆に病気の媒介によって彼は現実化に必要な自己限定をなしとげ、学問的業績をうみだしていった。彼の病気はいわば自己成熟への苦渋な闘いの歴史を反映するものにほかならなかったのである。

参照文献

C. Darwin: *The Autobiography of Charles Darwin and Selected Letters*, ed. by F. Darwin, Dover, New York, 1958.
J. Hemleben: *Charles Darwin*, Rohwolt, Hamburg, 1968.
A. Meyer-Abich: *Alexander v. Humboldt*, Rohwolt, 1967.
H. Pfeiffer, hrg.: *Alexander v. Humboldt*, Piper, München, 1969.

H. Tellenbach: *Melancholie*, Springer, Berlin, 1961.
C・ダーウィン『ビーグル号航海記』上・中・下、島地威雄訳、岩波文庫、一九五九—六一年
C・ダーウィン『種の起原』上・中・下、八杉竜一訳、岩波文庫、一九六一—七一年
C・ダーウィン『人類の起原』(「世界の名著」第三九巻)、今西錦司編、中央公論社、一九六七年
八杉竜一『ダーウィンの生涯』岩波新書、一九五〇年
駒井卓『ダーウィン——その生涯と業績』培風館、一九五九年
伊藤秀三『ガラパゴス諸島』中公新書、一九六六年
下田光造「躁うつ病について」(『米子医学誌』第二巻第一号)、一九五〇年
笠原嘉「精神医学における人間学の方法」(『精神医学』第一〇巻第一号)、医学書院、一九六八年
W・シュルテ『精神療法研究』飯田真・中井久夫訳、医学書院、一九六九年
土居健郎『精神分析と精神病理』第二版、医学書院、一九七〇年
F・フロム＝ライヒマン『人間関係の精神病理』早坂泰次郎訳、誠信書房、一九七〇年

ジグムント・フロイト

Sigmund Freud
1856-1939

科学者にして思想家のフロイト

フロイトは精神分析の創始者として二十世紀前半の思想的状況に決定的な変革をもたらした。彼は人間の行動は無意識な性的衝動によって規定されているという大胆な人間観を提示して、世紀末ウィーンの偽善的市民社会に衝撃を与えるとともに、自己の発見した精神分析の方法により人間のあらゆる精神現象の謎を解明し、さらに文化現象にも鋭い分析のメスを加えた。精神分析は元来神経症治療の一技法であったが、今日ではその影響は精神医学、心理学にとどまらず、社会学、文化人類学などの社会科学から芸術にいたる広範な分野に及んでいる。

このような野心的、革命的、予言的な思想家としての一面のほかに、フロイトには、知的、合理主義的な科学者、病める人間の精神の治療者としての自己抑制的な一面があった。フロイトの全体像はいわばヤーヌス的な両面性によって特徴づけられ、両者が互いに強い葛藤関係にあったようにみえる。思想家への強い野望は自己の無意識の内奥に抑圧され、意識的には科学者として防衛的な衣装を身にまとっていたのではなかろうか。

フロイトの構築した学問の体系は、まさに精神〝分析〟の名が語るごとく、たしかに十九世紀的な分析的、自然科学的思想の所産であった。彼は人間の精神を分析していくつかの要素に分解した後、これらを適宜に再構成して心的装置を構想する。そしてそこに働く心的エネルギーを当時の物理学の方法にならって投射、転移、転換などの操作概念を用いて説明してゆく。これは物理的エネルギーが適当な方法によって位置エネルギー、熱エネルギー、運動エネルギー、電気エネルギーなどの間で相互に変換しうるという当時の物理学の発見を心理学に適用したものにほかならず、きわめて因果論的、要素主義的である。彼の心理学が若き日の師であるブリュッケの生理学の心理学的応用であるといわれる所以である。

しかしすでに大学生のころフロイトは「自分は人間に関するもの以外には興味はもてない」ことを自覚しており、彼の中には常に冷静な科学者という仮面の下に強烈な人間への関心が存在していた。しかも人間への関心とは彼の場合なによりもまず自己への関心であった。彼はいったん「世界の謎」をとこうとして生理学を志し、ついで神経病学者として一家をなすが、中年になってあえて精神療法家に転じた。この転向は徐々に彼の内面で運命的に準備されたもので、自己の謎への強烈な執着によって導かれたものである。

アカデミックな学者にとっては、たとえ精神医学においてさえ、学問とは人間に関する無制限の関心を断念するうえに成り立つものである。「学問に生きる者は、独り自己の専門に閉じ籠もることによってのみ、自分はここに後々にまで残るような仕事を成し遂げた、という深い喜びを感ずることができる。……謂わばみずから遮眼革《めかくし》を着けることのできない人……は、先ず学問には縁遠い人々である。」（マックス・ウェーバー『職業としての学問』尾高邦雄訳）フロイトはこのような禁欲に徹することができなかった。

十六年間闘いつづけた癌によって八十三歳の高齢で死去するわずか一ヵ月前にもフロイトは、亡命したばかりのロンドンでなおも患者を診察しようとした。彼の人間への関心は何よりもまず徹底的な個別的研究に始まる。フロイトほど生涯にわたって倦まずに患者を診察しつづけた精神科医はない。この徹底的な個別的事象への執心は、一見とるに足りないささやかな言い間違い、やり損い、夢にまで及び、そこから重大な問題の鍵をつかんだのである。『夢判断』や『日常生活の精神病理学』は、彼の長い学問的生涯の中でも決定的な時期にうまれた重要な書である。

しかし、フロイトは個別的事象の分析的研究に埋没していたわけではない。「人は常に完全を、全体を欲する。しかし、どこからでも手をつけ、一歩一歩進んでゆくよりほかはない」とフロイトは語っている。彼には常に全体性への志向がある。精神〝分析〟の名の下に見落とされがちなフロイトのすぐれて総合的な面を指摘したのは、彼の弟子として出発したスイスの精神医学者ビンスワンガーの功績である。しかしフロイトの全体性は抽象的、先験的、世界超脱的なものではなく、具体的なものの中での実践を通してはじめて獲得される〝具体的全体性〟、矛盾をはらんだ力動的、歴史的な全体性なのである。

　フロイトは人間の心理的世界を意識と無意識にまたがる成層構造体として把握した。この成層構造の中に個人の発達過程とその途上の事件が変形をうけながらとりこまれている。それは一つの歴史的全体である。フロイトは個人の歴史の中に現在の症状の根源を求めた。そしてとくに抑圧され、無視されてきたものの中に真の動因をみた。すなわち下部構造＝無意識・衝動が上部構造＝意識・理性を決定すること、しかも両者の間に相克関係の存在することを主張した。

　このように要約すると、同じく科学者にして予言者であったマルクスとの類比がおのずと問題になってこよう。両者の本格的な対比はわれわれの限界を越え、ヴィースの『マルクスとフロイト』などにゆずるべきであろうが、たとえばマルクスが、清教徒の見えざる神Deus absconditusを、初期資本主義の市場闘争の匿名性と非合理性(無政府状態《アナルヒー》)とに関する抑圧的な社会的経験を宗教的に表現あるいは象徴したものであるとするとき、フロイトとの発想的類縁性はおおうべくもない。

　「ブルジョワ的偽善」の仮面を剝いで十九世紀から二十世紀への思想的橋渡し役を演じた二人の思想的世界はともに力動的、弁証法的構造をもっていることが注目されよう。ニュートンなどの静的、自己完結的世界との相違はあまりにも明らかである。このことは、フロイトやマルクスが、ニュートンのように現実から退避することによって自己の世界をつくったのではなく、まさに自己形成の過程で両親などとの深刻な心理的葛藤を正面突破しようと試みたことと無関係ではあるまい。ここにも自己形成のあり方と時代との出会いをみることができる。

フロイトは客観的な高みに立つ観察者、記載者ではありえなかった。たとえヤスパースのいうようにフロイトの心理学が「疑似的了解」にほかならないとしても、それは常に患者への精神療法的実践によって患者のことばに耳を傾け、患者に「解釈」を与える中で〝対話的〟に形成されたものであることを忘れてはならない。彼はマルクスと同じく、実践を離れた認識はないと考えていた。フロイトの場合、実践とは常に治療的実践であった。

フロイトにおける治療とはきわめて相互的なものである。端的にいうなら、それは一つの劇である。精神分析とは、同時に進行する多重の劇といえよう。それはまず具体的には治療者と患者の演ずる、感情を強く荷電された劇である。しかしこの感情は転移性感情といわれ、患者がもともと幼いときに深い対象関係をもった相手に対する感情が治療者を相手としてよみがえり、治療者のうえに転移したものである。治療者と患者の演ずる劇は、実は患者のみずからの過去の対象関係をめぐって進行する劇であり、過去の劇的再現ともいえるものである。さらにそれは患者の内面で演じられる劇、患者の「自我」「超自我」「リビドー」という黒子《くろこ》たちによって演じられる劇でもある。そして同時に治療者自身の中にも一つの劇が演じられている。すなわちフロイトの治療的実践が少なくとも生涯の危機的な時期においてそうであったように、患者を媒介とする自己認識、自己治療の劇でもある。

人格と生き方

フロイトの印象については彼に接した人々によってさまざまである。フロイトの人格は複雑、多面的で、種々の特徴が混在し、統一的に把握することはきわめて困難である。近親者によれば、子供のように単純、呑気で気取らず、近づきやすい人であったが、批判的な人からみれば、老獪で虚栄心が強く、尊大な人物ということになる。この理由はまず彼の人格構造の両義的構造にある。彼の内面には対立する性格傾向が渦巻き、自信過剰―自信過少、信じ易い―疑い深い、野心的で誇大的―恨みがましく被害妄想的、情熱的な愛の衝動―強い性的抑圧、男性的攻撃性―女性的優しさ、独立―依存、科学的な厳しい自己抑制―幻想的な思索への強い憧れ、といったような矛盾した態度が葛藤しつつ共存していた。すなわち神経症的な葛藤的心理構造から生ずる内的緊張が彼の生涯を貫いて存在しているのである。

彼はさまざまな神経症的症状を示した。強迫的な几帳面さ、恐怖症、不安発作、心臓神経症をはじめ多種多様な心気症、退行を起こしやすい心理的不安定さなど、その症状は多彩で、いずれか一つの神経症類型に分類することができない。しかし彼の場合、この多彩さは彼の神経症が重症であることを意味しない。ありふれた単一症状の神経症、すなわちあらゆる葛藤に対して同じ強迫行為、同一の心気的訴えをもって応ずることは病者の人格の平板さ、硬直性と対応し、逆に葛藤に応じて症状が千変万化することはむしろ内面の豊かさ、柔軟さを暗示するものであろう。彼は「動揺すれども沈まず Fluctuat nec mergitur」というパリ市の標語(パリ市は船員ギルドに発し、この標語を付した船の図案の紋章をもっている)が好きであった。

たえず動揺してやまない内面生活にもかかわらず、彼の日常生活は外面的には意外なほど平凡、単調、規則的であった。行動の破綻は一度もみられない。彼は四十七年間も同じ家に住み、一人の妻をまもった。子煩悩で、診療室にいなければ子供部屋にいたといわれる。そのうえユダヤ的家長として両親や妹たち、さらには妻の妹をも養った。営々として働き、壮年時代には一日十時間から十二時間も診察し、そのあと臨床記録を書きとめ、著作に励んだ。長らく癌を病みながらも、高齢で死ぬ一ヵ月前までこの生活様式は変わらなかった。趣味はむしろ平凡で、ギリシアの古典やシェイクスピアを愛読し、余分な金が入るとギリシア・ローマの骨董の収集に当てた。おしゃれで、毎日床屋へ行った。また彼にはゆるやかな気分変化があり、彼自身七年ごとに高揚期が訪れたといっているが、うつ的な時期にも全く仕事ができないというほどではなく、むしろ不調気味のときの方がよい文章が書け、高揚期には筆がすべって文法的不注意が多くなることを自覚していた。

彼の基本的性格は循環気質的であるが、同時に執着的な面があり、全体としては躁うつ病圏に傾いている。しかし幼時にもちえた母との密接な対象関係のおかげで不全感、良心性などの自責的な面が発展せず、そのかわり神経症的なものが前面に出て、外部に対する攻撃の方に傾いたといえよう。

彼が危機におちいる状況は必ず彼の成熟への契機と結びついていた。少年の日の男性としての自己決定、家庭をもつこと、父となることなど、彼に成熟を迫る状況のたびに内面の葛藤は高まり、内面の攻撃性が不安をよびおこし、退行や回避的行動とともに多彩な神経症症状が発現するのであった。しかしその中で彼は現実から全面的に撤退したり、葛藤を無視したり抑圧したりはせず、まさに自己の葛藤状況を自覚することによって危機を乗り越え、現実的解決と神経症理論の学問的成熟へと自己を導いていったのである。

生い立ち

フロイトは一八五六年五月、モラヴィアのフライベルクに生まれた。両親はともに生粋のユダヤ人であった。父ヤーコプは毛織物商人であり、温和な性格で家族に信頼されていた。父は再婚であったが、母は初婚で父より二十歳も年下であり、陽気、活発で知的な女性であった。二人の異母兄は二十歳も年長で、その一人にはフロイトより年上の子供もいた。この兄に対してフロイトは父親に対するような気持を抱き、「この兄の息子に生まれていたら、自分の生涯の道もはるかにやさしいものだったろう」という告白をしている(ジョーンズ)。彼のイギリスびいきはマンチェスターで綿花商をしていたこの兄への憧憬によるところが大きい。この兄の子ヨハンはフロイトより一歳年上で、フロイトが三歳のころまで互いに離れられない双生児のような関係にあった。しかしフロイトは何よりもまず若き母の最初の息子として母の限りない誇りと愛を独占して成長した。常に家庭の中心的存在であり、家族の期待は彼のうえに集まった。後年彼はみずから「母のこの上なき寵愛をうけた人は、一生涯征服者という感情、すなわち成功への確信をもちつづけ、しばしば現実の成功をもたらす」と述べている。一九三〇年、九十三歳という高齢で亡くなるまでフロイトとともに暮らした母は、いつまでもフロイトのことを「私の黄金のジギ(ジグムントの愛称)」と呼んでいた。

その後フロイトには五人の妹と二人の弟が生まれた。すぐ下の弟はフロイトが満一歳になる前に生まれ、フロイトは「母の愛と乳房を争うものを見いだし、弟が八ヵ月で病死したときには競争者のなくなったような激しい喜びを体験した」という。

このような母との強い結びつきに比べ、父はむしろ母の愛をめぐる競争相手として現われた。フロイトは「父が母に対して、ジグムントに心を奪われて自分にはあまり心を向けてくれないと非難し、争っているのを記憶して」いる。この父子の関係は後年彼が発見したエディプス・コンプレクスを想起させる。フロムによれば、「父は息子に対して公平な態度を示し、彼を叱るのは母ではなく常に父であった」。彼に対する父の態度はやや距離をおいたものであった。もっとも、ユダヤ教における父の地位が一家の祭祀を司るいわゆる家父長であり、キリスト教徒の場合よりもはるかに重要であることを考える必要があろう。

幼時フロイトは父母の寝室へ向けて何度か放尿したことがある。七歳のときには、温和な父もそれを見て一度だけ「おまえは碌なものにならない」といった。このことばはフロイトの心に刻みこまれ、これを境に勉強に精を出すようになった。後年仕事のたびに彼はこのことばを思い出し、「お父さん、それでも私はちょっとしたものになりましたよ」とつぶやいた。しかし他方フロイトは畏敬をこめて父を「特別な人」(フリースへの手紙)と呼び、後述するように父を擁護し、父の仇を討ちたいという感情を抱いていた。

フロイトの生まれたころ、不況のため父の商売はすでに困難な状況に追い込まれており、三歳のとき一家は困窮してその町を離れ、一年間ライプチヒに滞在した後ウィーンに移った。ライプチヒに向かう汽車の中でフロイトははじめてガス灯を見たが、彼にはそれが地獄で燃えている人魂のように思われ、それ以来汽車旅行に対する恐怖症が始まり、生涯一人旅を嫌った。彼自身、後に「私の恐怖症は、いってみれば貧困や飢餓への恐怖である」と述べている。それは本質的には〝置き去られることへの恐怖〟である。幼い彼は森の中を散歩するとき父のかたわらを離れることができなかった。後年になっても彼は汽車に乗り遅れることを恐れるあまり、発車の一時間も前に停車場へ行くのが常であった。双生児のような関係にあった甥ヨハンはライプチヒに去るフロイト一家と別れて、父親(フロイトの異母兄)とイギリスへ去った。この別離も旅への恐怖感をさらに深めたのであろう。

少年時代の彼は勉強と読書にふける一方、家庭の中心でもあり、兄弟の中では王様であった。弟妹たちの教師をつとめ、いくぶん父親的な姿勢で彼らに対した。彼は実際よりも年長の人間と見なされ、みずからもそのように振舞った。フロイト家は貧しい中から学費を捻出し、彼の成功を望んだ。早くも九歳で彼はギムナジウムに入学し、八年間の在学期間中、第一、二学年をのぞきいつもクラスの首席を占め、最優秀の成績で卒業した。彼は身分不相応に豪華な本、高級な本を買って貧窮の中でのみずからの誇りを支える道具とし、支払えない借りを本屋に作って父に叱られたりした。

彼の自己決定は順調には行かず、中年にいたるまでさまざまな動揺がみられるが、後世に名を残したいという野心は幼いときから一貫して存在し、少年時代には、軍人になって英雄とたたえられることを望んだ。ナルシス的な自己劇化の幻想の中で、剣による世界の征服という夢想が彼の心を占めた。

彼が自己と同一視した軍人はカルタゴの名将ハンニバル、ナポレオン麾下の元帥マセナである。この同一視はフロイトの生涯に長く深い刻印を残した。フロイトは後にこの自己の夢想に触れて次のように語っている(『夢判断』)。「ハンニバルはユダヤ人と同じセム族であり、当時はマセナもユダヤ人であると思い込んでいた。また十二歳のころ、昔父がユダヤ人であるがために侮辱をうけ、それを耐えしのんだことを父から聞かされ、父の仇を討とうと思い、父ハミルカル・バルカスに祭壇の前でローマへの復仇を誓わされるハンニバルの姿に感情移入した。」

ローマはフロイトにとって特別の意味をもっていた。「私のローマ憧憬は全く神経症的だ」(一八九七年十二月三日、フリースへの手紙)と彼はいっている。まずハンニバルもマセナもともにイタリアに進攻した将軍であることが、フロイトにとってはユダヤ人としての父の仇を討つうえで重要な意味をもっていたのである。ローマ帝国あるいは西欧文明の中心としてのローマと、ユダヤとの対立はいうまでもなかろう。

しかし『夢判断』の中で、彼はローマに憧れながらも実際にローマに入ることには不思議な抑制が働いたことを語っている。かつてハンニバルの軍がローマを目指して八十キロ手前のトラシメヌス湖畔まで達したとき、内なる声がハンニバルにこれ以上ローマへ近づくなと命じた。これと同じ内なる声をフロイトもこの湖畔で聴いた。彼がようやくローマに入ることのできたのは一九〇一年、四十五歳のときである(ジョーンズ)。彼は一九〇四年にはアテネのアクロポリスをも訪れているが、その際離人体験を起こして外界の実在感を喪失している。これらの奇妙な体験の理由についてフロイトは、自分が「成功に寛容になれない」男で、「父のなしとげた以上のことをして、父をしのぎたいという禁じられた望み」が、成功を目前にして彼の心に恐怖を起こさせたのであるという自己解釈を行なっている。これは父への恐怖による自罰、つまり去勢恐怖につながるものといえよう。「精神分析の実践を通してえられた若干の性格類型」(一九一六年)という論文の中で、フロイトは明らかに自分のことを念頭におきながら、成功を目前にして挫折する性格類型に注目し、それを自己処罰に結びつけている。すなわち成功の瞬間に耐えることのできない人間がいるもので、そのような人間にとって対外的な欲求不満は病原的でなく、反対に現実が願望の充足の見通しを与えるや否やそのこと自体が耐えがたくなり、欲求不満が生じて願望の充足を拒否するにいたるというのである。

ハンニバルもマセナもひとたびは奇蹟的な大功をたて、運命の寵児とされながら、最後には彼らより鈍重で粘り強い敵将に敗れるという悲劇の将軍である。少年フロイトも一家の寵児であり優秀な生徒でありながら、このような幸運は長続きするはずがないと考え、真剣に夭折を恐れたという。父のための復仇か、父を超えることの恐怖かというこのくい違いはどこからくるのであろうか。

思うに、軍人との自己同一視、剣による世界征服の幻想は、何よりもまず自己の攻撃性の昇華のうえに立つ男性としての自覚、つまり自己の性的同一性の確立にかかわっているのであろう。それは男性宣言である。しかし敗将との自己同一視ということは、この「男性宣言」に何か無理があることを物語っている。それが後の成功恐怖、とくにローマに行けないという奇妙な症状となって現われ、後述する一八九〇年代の危機となって彼を苦しめることになるのであろう。

そもそも、母なる都といわれるローマはいわば母の象徴であって、そこに入ろうとすることはむくつけき敵将、すなわち父による処罰をうけずにはすまされないと考えられる。問題をエディプス・コンプレクスに帰することは容易である。しかし敗将との同一視には、彼が意識しなかった面、つまり男性モデルとしての父の弱さを反映するという別の面があるのではないだろうか。フロイトが生涯を通じて父に畏怖を抱いていたことは事実であるが、それを強調することにあまりにも急であった感がある。現実の父はフロイトの少年時代すでに老境にさしかかっており、挫折して再起の見込みのないユダヤ商人であった。母を独占したのはフロイトの方であり、嫉妬はむしろ父の側にあった。幼いころ、異母兄のような父をもつことを願ったのも父の弱さを兄に補強してもらいたかったからであろう。大学時代にはイギリスの兄のもとへ走り、兄にならって綿花商になろうと考えたこともあった。

おそらく悲劇の敗将ハンニバル、マセナには挫折した父のイメージが重なっているのであろう。それは敗将を媒介とする父との自己同一視である。すなわち、父の弱さの認識が父への満たされない依存欲求とからみ合い、父への恐怖とともに父への同情、侮蔑、強くあってほしいという願望などをうみ、それがさらに抑圧によって変化をしていたと思われる。このように思春期における父への自己同一視は十分に肯定的なものではなく、父に代表される男性モデルには矛盾と弱さがあり、フロイトの男性イメージは必ずしも骨太なものではありえなかった。これが彼を夭折恐怖、裏返せば大人になることへの恐怖に導いたのである。ギムナジウム時代、級友ベルンシュタインとスペイン語を隠語とする〝水いらずの世界〃をつくったことも、十六歳の日の初恋がすれ違いに終止したことも、ともに成熟への逡巡と深い関係がある。この二つの記憶はフロイトの心に深く刻印を残しながらも抑圧されたままであった。同時に自己の肯定的なモデルを求めて人間に強い関心を抱き、内面の自己像の混乱と矛盾の克服を求めて自己の内面に強い関心を抱いた。成熟への逡巡と内面への関心は同一の衝動に基づくものである。

ブリュッケとの出会い

ギムナジウムを卒業したフロイトは十七歳でウィーン大学医学部に入学する。当時ウィーンのユダヤ人に残された道は、実業につくか法律か医学を学ぶことであった。「当時の私の関心は、自然に対するよりも人間に向かっていた。私は最初法律の勉強をして政治的な活動をしたいという望みを抱いていた。しかし一方ではダーウィンの学説が、世界に対する理解を深めるものとして私をひきつけていた。私に医学生になる決心をさせたものは、(ギムナジウムの)卒業前に「母なる豊かな自然は、お気に入りの子供にはその秘密を探ることを許す」という内容のゲーテの自然についての論文(実は偽作)の朗読を聞いたことであった。」(『自伝』)当時のフロイトは「人間的なもの以外に興味はもてない」といい、そのことばの底に自己に関する強烈な関心を秘めながらも、自然か人間(自己への直面)かという二者択一において自然を選んだのであった。「われわれの住む世界の謎のいくつかを解くことあるいは謎の解明に役立ちたいという抗しがたい欲望」を達成するために医学を選んだのだと彼はいう。一見誇大的な野望にみえるこの志向も、実は自己の内面に直面する時期がいまだに到来していないことを直覚したうえでの逃避的な選択であり、少年時代の成熟逡巡の延長であると考えてよいであろう。

一八七三年の大学入学以来、彼は長い彷徨の時代を送る。卒業までに実に八年を要している。彼は自分の胸像が多くの高名な先達たちに混じって大学構内に建てられることを夢想した。そしてそこに刻まれることを望んだ碑銘は奇しくもギリシアの悲劇詩人ソフォクレスによる『オイディプス王』の一句「名高き謎をいいあてしものにして、いと強きもの」であった。医学専攻に必要な科目にはあまり興味をもたず、主に隣接領域の学問を渉猟し、ブレンターノの哲学や論理学の講義を聴いたりする。しかし彼の関心を最も強くひきつけたのは動物学であって、一八七六年にはトリエステの動物学実験所に赴き、ウナギの生殖腺の構造研究を行なっている。

長い遍歴の末、フロイトは第四学年になってブリュッケの生理学教室に入り、やっと安住の地を見いだすことができた。彼はそこで学生の身分ながら論文を発表している。彼は『自伝』の中で「大学での最初の三年間は、青年らしい情熱にまかせて学問上の模索を重ねたが、自分の才能の狭さと特異性のために成果をあげることができなかった。そしてブリュッケ先生の生理学教室に入ったとき、ついに私は安らぎと満足を見いだすことができた」と語っている。彼が生涯、葛藤を交えない畏敬をささげえた相手はこのブリュッケだけであった。医学部の学生生活の間に、入学当時の誇大な野望は潰え、幻想的なものに身を任せようとする生来の欲望は危険なものとして厳しく抑制されて彼の内奥に閉じ込められる。彼はブリュッケの空間の中に包摂され、ブリュッケの生理学によって代表される客観的で確実な科学の世界の中に身を置く。彼は専門家となり、自己の内面に対して距離をおき、いわば科学を道具として自己の弱さを守ることになるのである。後年一八九〇年代、心臓神経症の発作が頻発していたとき、彼は友人フリースに手紙を送り、「夏には昔の研究にもどり、解剖学を少々やりたいと思います。いろいろやっても満足を与えてくれるのはこれだけです」と述べたりしている。

ブリュッケの一派は医学におけるヘルムホルツ学派といわれ、「有機体に働いている力も、物理学的、化学的力以外のものではない、今日ではまだこの力で説明できないものが残っているが、それらもやがてはこれらの力の相互作用によって説明できるようになる」という主張をもっていた。マイヤーの発見したエネルギー恒存の法則、すなわち「エネルギーの形態は熱、位置、運動など種々に変化するが、その総量は一定である」という法則がその基本的発想にあった。後年のフロイトのリビドー理論を知る者にとっては、彼の基本的思想がいかにエネルギー恒存則と類似しているかに驚かされるのである。フロイトの学説はその出発点においてブリュッケの思想を摂取し、精神の諸現象に適用したものであることが理解される。

ブリュッケの下で神経系の組織学に関する仕事を始めたフロイトは、ヤツメウナギの脊髄神経節細胞の突起に関する研究や、ザリガニの神経細胞の研究を行なった。組織学という精密で着実な学問は彼の自己不確実性を救った。そして仕事を進めるとともに、勤勉、努力家、熱心といった彼の長所が発揮され、具体的な業績となって結実していった。一八八一年、彼は優秀な成績で医学部を卒業し、生理学の学者として身を立てるべく、生理学教室で研究に没頭しはじめる。

神経病学者フロイト

一八八二年、彼に生涯の大きな転機が訪れる。基礎医学者としての道を断念し、臨床医となることを決意したのである。『自伝』に「ブリュッケ先生は私の父の経済的事情がよくないことを顧慮して、基礎医学者となることを諦めるよう忠告された。私は先生の助言に従って生理学教室を去り、総合病院に入った」と述べている。しかし彼が決断を迫られた最大の理由は、当時彼が後のフロイト夫人となったマルタに求婚したことであり、彼女と結婚するために経済的に独立する必要があったからである。大学時代の初期、従妹との結婚を望んで綿花商を志し、マンチェスター行きを試みたことがあったように、彼には結婚の前提としてまず経済的独立を考える傾向があった。これは少年時代の貧窮体験に基づいていると思われるが、また父の相続者となってはじめて一家の長となりうるのだと考えたためでもあろう。しかしまた彼の男性的な面の弱さとも無関係ではあるまい。彼は野心的である一方、ひそかに挫折を望むという二面性があった。むしろ父の方が息子に学者の道をそのまま歩むように勧めた。しかしフロイトはそれを経済的な裏付けのない支持であるとして斥けたのであった。すでに父は挫折し、心の張りを失い、当てのない願望に身をゆだね、優秀な息子の将来を幻想する老人になっていたのである。

　臨床に転じた彼は、一八八二年以来ウィーンの総合病院で外科のビルロート、内科のノートナーゲル、精神科のマイネルトなど当時一流の学者について臨床医学をおさめ、最後に神経病学のショルツのもとで十四ヵ月間研修した。彼は神経病学の臨床経験を深め、症例報告を発表し、神経病学者としての地位を築いていった。臨床的な仕事のかたわら、脳病理の研究室で人間の中枢神経の構造についての組織学的研究にも没頭した。その結果、一八八五年に組織学的および臨床的業績によって神経病理学私講師《プリヴァートドツェント》の資格を獲得したのである。しかし当時のウィーンの学界では神経病学は未開拓の領域であり、学界の中心はシャルコーのいるパリであった。フロイトはシャルコーのもとに留学し、神経病学の学識を深めてウィーンの同業者たちを制圧しようと企てた。彼はブリュッケの推薦によって奨学金をえ、その年の秋、希望にもえてパリに旅立った。

ところでフロイトと神経病学との親近性には偶然以上のものがあるように思われる。神経病学は臨床医学の中でもとりわけ整然と秩序立てられた診断学を有し、この意味では組織学に似ており、その診断の過程は一種の謎解きに近いものがある。整然とした秩序を有する神経病学がフロイトの自己不確実な側面を補強したことは疑いを入れない。また、その謎解き的性格は知的好奇心と知的優越感を満足させたことであろう。もとより彼にとって最大の謎は人間であり、自己である。神経学的な謎への嗜好は彼の本来の問題への回避と接近との二重性を帯びていたというべきであろう。

シャルコーのもとでフロイトが最も強い印象を受けたのは、ヒステリーに関する研究であった。ヒステリー現象の実在性と合法則性、男性ヒステリーの存在が証明され、催眠による人為的なヒステリーが自然発生的なそれと同じ性質のものであることが示されていた。シャルコーは癇癖の強い、自信にみちた、人を人とも思わない学者で、ナポレオンのポーズを真似た写真を撮らせたりしている。フロイトはこのような自己確実性をそなえた厳しい壮年の男性に強い畏敬の念を抱き、その中に神経病学者のモデル、幻想上の父のイメージを見いだした。彼の長男マルティンはシャルコーの名に因んでつけられたものである。

フロイトはシャルコーのヒステリー理論を片手に、ウィーンの学界にデビューせんと野望を抱き、一八八六年四月に帰国する。しかし「男性ヒステリー」と題する彼の帰朝報告は疑いの目で見られる。彼は男性ヒステリーの症例を実際に提示するが、大家たちの態度は彼を拒絶しているように感じられる。この学界の冷やかな反響が彼にとって屈辱的で痛ましい体験であったことは想像に難くないが、彼の反応はいささか誇張された被害者意識に基づくものともみられる。ひとたび権威に容れられないとわかると、激しい怨念に駆られ、彼は権威に対する反逆児となり、学界から孤立した状態でヒステリー研究に専念してゆくのであるが、ここにはフロイトが後々まで反復する行動のパターン、すなわち学問的にも世俗的にも野心家であり、権威による承認と既成の体制への加入を熱望しながらも、権威に対する敵意を喚起するような挑戦的態度に出るという、行動パターンがみられるのである。その結果屈辱感を味わい、野心の放棄を迫られ、自己を被害者であると認めることになるのであるが、そこにはどこかみずから求めてそうしている感がなくもない。

婚約・結婚

後にフロイトの夫人となったマルタもユダヤ人で、フロイトより五歳年下であった。彼女の伯父は当時高名なギリシア古典学者であった。一八八二年四月、二十五歳のフロイトはマルタに出会い、一目で彼女を自己の伴侶と確信し、六月には求婚し婚約する。その後結婚まで四年三ヵ月の婚約期間に、フロイトは彼女に宛てて実に九百通以上の手紙を書いている。彼は情熱的で極度に嫉妬深い愛人であった。彼らは毎日手紙を書く約束をしたが、二、三日手紙の途絶えることがあるとフロイトは耐えがたい苦痛を覚えた。マルタを完全に独占しようとするやみがたい欲望に捉えられ、マルタの関心が彼以外に向かうと強い嫉妬を覚えるのであった。彼の嫉妬は他の青年に向けられるのみでなく、マルタの家族に対する愛情にさえ向けられた。婚約時代は幸福な時期ではなく、激しい愛と嫉妬の反復であり、少年時代の危機に継ぐ第二の危機の時代であった。彼はさまざまな神経症的症状にひどく悩まされた。

一八八五年、シャルコーのもとに旅立つに先だって、彼はそれまで書き貯めた一切の原稿を焼き捨てている。彼はその後も晩年にいたるまで、周期的に診療記録を焼き捨てているが、いずれも過去と一線を劃そうとする儀式的行為であろう。パリ留学そのものも一種の逃避とみることができる。頻繁な手紙の交換に反し、婚約中の二人が実際に会うことはあまりなかった。フロイトは男性としての自信欠乏から無意識的には結婚をためらっていたのではなかろうか。シャルコーのもとで彼は、患者が治療者シャルコーに示すのに似た感情を、自分がシャルコーに対して感じていることを半ば自覚したのであった。シャルコーへの父親転移が危機を克服する一つの契機になったことは、危機が父親をめぐる葛藤と関連していることを示している。

そもそも、フロイトがはじめてマルタに会ったとき、彼女はすでに年長の実業家と婚約していた。この関係はフロイトと両親との関係に幾分似通ったところがある。父の手から母を奪うにも似た幻想が働き、あわただしい求婚となったのではないだろうか。

婚約期の彼は依然ギムナジウム時代の成熟逡巡を脱していないようにみえる。フロイトの婚約と前後して親友シェーンベルクがマルタの妹ミナと婚約したのであるが、二組の婚約者たちは二人きりの水いらずよりも、四人で、さらにはマルタの兄やフロイトの初恋の人ギゼラの兄弟を交えて、ハイキングやトランプに興ずる方を好んだ。しかもフロイトは女性よりもむしろ男の友人と語るのを好んだという。そして、フロイト、シェーンベルク、マルタ、ミナは、この共同の婚約期間中、将来〝幸福な四人組〟になることを夢想した。この〝四人での婚約〟は単独で異性と出会う勇気の欠如を示すものであり、フロイトにとってはおそらくシェーンベルクとの友情の永遠化が婚約以上の価値をもったのであろう。

シェーンベルクが一八八六年に結核で倒れ、他界した後、ミナはフロイトの家に一八九六年から四十二年間も同居し、ミナおばさんとして親しまれる。ミナとフロイトとの愛人関係は否定されており、この長い〝三人組〟の生活は一つの謎とされているが、それが実は〝四人組〟であり、亡きシェーンベルクの影がいつも感得されていたのだとすれば、この奇妙な関係も理解がゆくのである。

一八八六年の秋、フロイトはついに結婚式を挙げた。マルタは献身的な妻となり、六人の子の母となる。フロイトの死後、マルタはビンスワンガーに宛てて「今の私にとってせめてもの慰めは、この五十三年間の夫婦生活を通じて一度も口論せず、彼に生活の苦労をかけまいとつとめてきたことだけでございます」と書いている。彼の結婚生活は淡白であった。彼は妻に、無条件に彼を保護し、彼に依存をゆるす母性を求めた。彼は生涯一夫一婦を守り通したが、結婚生活は性的には豊かではなく、四十歳のころにすでに彼は性的涸渇感を覚えており、このころには現実の性生活は終わっていたようである。これは、彼がブロイアー、フリース、ユングら男性に対して同性愛的ともいえる激しい感情を示したのと好対照をなすものである。しかしフロイトは知的で男性的なタイプの女性には性を超えた友情を寄せた。ニーチェやリルケの愛人であったルー・アンドレアス゠ザロメ、ギリシアとデンマークの王女マリー・ボナパルト公爵夫人らとの交友関係がそれである。二人はともに軍人貴族の娘であり、とくにマリーはナポレオンにつながる人である。姉マルタと異なり、このタイプの女性であったミナとは、彼はしばしば一緒にイタリア旅行などに出かけている。フロイトの女性関係は男性との友情関係の延長という趣がある。

『ヒステリー研究』

留学後のフロイトは結局ウィーン大学に戻ることができなかった。好意を示してくれたカソヴィッツの主宰する小児病研究所の神経病科長として勤務するかたわら、彼は開業して一般の患者の診療にあたり、神経症、ことにヒステリー患者の治療を試みる。ヒステリーを含む神経症は、当時、その名の通り小児麻痺のような神経病と考えられていた。当時のこうした通念がなければ、神経病学者フロイトから精神分析学がうまれることはなかったろう。さしあたり彼はシャルコーの『神経病学講義』を翻訳したり、失語症や小児麻痺に関する優れた著作を発表したりする。失語症においては、彼は当時主流をなしていた解剖学的な局在説に反対し、脳の機能的分化を重視する主張を行なっている。しかし彼の関心は次第にヒステリー研究に集約されてゆく。当時ヒステリーは神経学上の大問題であった。彼は流行の電気療法を試みるが効果のないことを知り、催眠療法を行ないはじめる。ベルネイムの『暗示とその治療作用』を翻訳したのもこのころのことである。一八八九年には催眠療法の技法の完成を求めてナンシーに赴き、ベルネイムとリエボーの教示を受けている。

このような治療重視の姿勢は、講壇的で診断を重視する当時のウィーン医学界の中では異色のものであり、ウィーンでは治療術を攻究する者は蔑視される傾きさえあった。また留学前後に(一八八四―八七年)フロイトはコカインの表面麻酔作用を発見したのであるが、かなり軽率に友人や婚約者にコカインの飲用をすすめ、このころ友人の一人を中毒から死にいたらしめてしまう。フロイトがこの友人から金を借りていたこともあって、ウィーン医学界で大きなスキャンダルとなった。後に「精神分析」を発表したときも、医学界にはこの記憶が残っており、フロイトへの抵抗を強めたのである。両者があいまってフロイトの孤立を深めた。

このような孤立した状況下に彼の催眠療法の有力な支持者として十四歳年長のウィーン大学私講師ヨゼフ・ブロイアーが現われたことはフロイトを勇気づけた。フロイトがブリュッケの教室ではじめてブロイアーと出会ったのは一八七〇年ころ、学生時代のことで、当時ブロイアーは開業医として働くかたわら研究に従事していた。ブロイアーはすでに一八八〇年から八二年にかけてO・アンナと仮称された多彩なヒステリー症状を呈する二十一歳の女性を浄化法《カタルシス》と呼ばれる方法によって治療し、症状を消失させている。この方法は催眠法によって外傷的体験を想起させ、これまでうっ積していた感情を放出させることによってヒステリーを治療するというものである。この方法をフロイトはパリ留学以前に聞き知っていたが、一八八九年ころに至って彼はブロイアーをうながし、共同研究を進め、その成果を一八九五年に歴史的な『ヒステリー研究』として出版する。しかしそのころにはすでに心的外傷の病因論をめぐって二人の間に意見の相違が起こっていた。ブロイアーは心的外傷が類催眠状態のような異常な精神状態で起こったためであると考えたのに反し、フロイトは心的外傷が常に性的な性質を帯びていることに注目していた。このようなヒステリー、さらには神経症全般の病因として、性的体験を重視する大胆なフロイトの考えにブロイアーは危惧の念を抱き、次第に共同研究から離れ、フロイトとブロイアーの交友関係も破局に近づいていった。

しかしジョーンズも指摘するように、二人の友情の破局は理論的相違だけでは説明できない。ブロイアーに対する愛から嫌悪への急激な感情の変化は、フロイトの男性、とくに共同研究の相手との人間関係に共通する特有なパターンである。これはフロイトの独立と依存とをめぐる神経症的葛藤と深い関係を有しており、先に述べたフロイトの男性としての自己像に内在する弱さに基づくものであろう。この種の感情関係は、次に述べるフリースとの場合に頂点に達し、自己の病理についてある程度の洞察を得たのであるが、問題を完全には克服しえなかったのであろう。事実、その後もやはり弟子のユング、アドラー、ランク、フェレンツィらとの関係をめぐって同じパターンが繰り返され、いずれも学説の相違から人間関係の決裂へと導かれるのである。フロムは「フロイトが母のイメージに対して抱いていた依存心は、妻と母に限られず、ブロイアーのような年上の人、フリースのような同僚、ユングのような弟子にも向けられた。同時に彼は自己の独立に激しい誇りをもっており、被保護者であることに強い嫌悪を抱いていた。この誇りのために依存の意識は抑圧され、友人が依存の対象としての役割を完全に果たさなくなると、友人関係を断ち切ることでそれを全く認めまいとする。そのため強い友情に続いて完全な断絶が起こり、それは常に憎しみにまで高まる」と解釈しているが、妻と母とに対する依存欲求は現実には葛藤を起こさず、これに反して同性の友人の中でもとくに共同研究の相手に対して激しい葛藤を起こしていることは、彼がこのような相手によって自己の男性的態度の弱さを補強しようとしたことを暗示するのではなかろうか。「私のある特異な——おそらくは女性的な——一面が要求する友人との交際は、誰も奪うことができません」(一九〇〇年五月七日、フリースへの手紙)と彼は手紙に記している。婚約者への手紙には能動的独占欲がみられるとすれば、フリースへの手紙には、たえず相手の意を迎えながらも学説によって相手を支配しようとする受動的で迂回的な独占欲がみられる。

このようなフロイトの態度に対応する相手はいきおいアドラーのように超男性的、攻撃的人物であったり、フリースやユングのように幾分パラノイア的な自己確実性をもった人物になりがちであった。フロイト自身が、一歳年上の強い甥ヨハンと自分との、対立と依存との葛藤関係を、これらの奇妙な友情の原型であると述べていることには十分な理由があると思われる。同時にモデルとしての父のイメージが十分肯定的でなかったことがフロイトをいささか偏った人物への偏愛に向かわせたのであろう。現実の父に対しておそらくそうであったように、フロイトははじめは彼らに多くを期待するが、次第にそれが失望に変化し、この失望をみずから容認しまいとして内的葛藤を起こし、相手に対する攻撃、決裂というコースをたどったのではあるまいか。

ビンスワンガーのような安定した相手の場合には学説の相違が人間的破局と結びついていない。ビンスワンガーに宛てたフロイトの手紙にはしばしばビンスワンガーとの分離に対する不安や挑発的な卑下が記されている。フロイトは、アカデミックなビンスワンガーが上流階級の者が下層階級の者に対するように恩恵的な友情を寄せているのではないかという疑惑を抱いていた。しかしビンスワンガーは「できるだけ感情的にならずに自分の立場を弁護する」ことによって数十年間の友情を保ったのであった。フロイトを傷つけたのは実は理論的相違ではなかったのである。

精神分析の起原

一八九〇年から一九〇〇年に至る約十年間はフロイトが精神分析学を創始すべく苦心を重ねた時期であった。すなわち、まず彼は催眠法を用いる「浄化法《カタルシス》」の治療効果に限界を感じ、一八九五年ころには催眠法を捨てる。ひとつには催眠法に伴う女性よりの感情転移が彼を辟易させたからである。女性からの激しい求めは彼の好まぬところであった。彼は強制的に過去の体験を想起させる「集中法」を経て、精神分析の基本的方法である自由連想に到達する。彼は患者を寝かせ、彼自身はその枕元に腰を掛けて患者との対面を避けつつ、患者の脳裡に思い浮かぶままを語らせた。一方、彼はすでにブロイアーとの共同研究の時代に催眠術の治療効果が患者の医師に対する感情関係に依存することを観察していたが、この現象は患者が過去の対人関係、とくに両親との関係を治療者に投射する感情転移という現象であることに気づき、この感情関係を軸として治療を進めるという精神分析療法の根本的な技法を樹立する。また彼は最初ヒステリーの原因を、患者の告白をそのまま信じて幼時の近親相姦的な性的外傷に基づくものと確信していたが、患者がその体験を楽しげに語ること、また現実の体験よりも患者の空想によるものが多いことに気づいて外傷説に変更を加え、いわゆるエディプス・コンプレクスといわれる幼児性欲理論を発見する。

これが後年のリビドー発達理論の展開へと導かれるのである。

しかしフロイトが精神分析学者としての自己を確立したこの十年間は、彼の生涯における最大の危機であった。彼は神経症という「スフィンクスの秘密」を解明すべく努力を重ねているうちに、彼自身の神経症に突き当たる。彼は、自己分析という困難で苦痛に満ちた試練を克服し、自己自身のなかに神経症の謎を解く鍵を見いだして、自己洞察の結果を『夢判断』(一九〇〇年)、『日常生活の精神病理学』(一九〇一年)、『性欲論三篇』(一九〇五年)、『機知——その無意識との関係』(一九〇五年)などの天才的創造活動として結実させ、精神分析の基礎的理論を完成するのである。

この時期にフロイトの自己分析の媒介者、フロイトの神経症の治療者としての役割を演じたのがフリースという耳鼻科医であった。フリースはフロイトより二歳年下のユダヤ人で、ベルリンで開業していた。該博な知識を有し、思弁的、独断的な傾きが強く、自信に満ちた男性的な人物であった。彼は鼻反射神経症という症候群について発表し、人間の両性性すなわち男性性の中に女性性が、女性の中に男性性が潜むという概念を初めて提唱した。さらに月経周期である二十八という数字を用いてあらゆる生物学的現象、さらには自然現象一般を説明するという神秘的・妄想的な学説を主張していた。

フロイトがウィーンでフリースと出会ったのは一八八七年であった。当時フロイトはコ

フロイト(左)とフリース(右). 40歳前後の彼らは, まるで同性愛の少年のように同じ装いで写真におさまっている.

カインをめぐる問題で悩んでおり、フリースが鼻粘膜のコカイン麻酔を用いるさまざまな疾患の治療法をあみ出していたことも、フリースを支持者と認知させる大きな要因であったろう。ブロイアーとの関係が破局に近づくにつれ、フリースとの関係は親密さを加え、一八九三年ころから一九〇二年まで規則的に手紙を交換するようになる。これが有名な『フリースへの手紙』である。

生前フロイトはこの手紙を破棄することを望んでいた。それはこの手紙がフロイトの精神の最も危機的な時期における最も内奥の秘密に属するものであったからである。彼は手紙の中で、自己分析や症例に関する新しい発見や着想、希望や悲しみを打ち明け、自分に関心をもち、支持を与えてくれる聞き手であることをフリースに一方的に期待する。また二人は〝会議〟と称してしばしば所を決めて落ち合い、意見を交換した。「飢えと渇きに満足を与えるもの」として彼はこの会議を待ち望み、会議の後には新しい力が湧き上がるが、しばらくすると失意の底に沈み、再び会議を待ち望むのであった。フロイトはフリースを自分の望みうるすべての資質を兼ね備えた救世主のごとき人物として異常な傾倒ぶりを示した。フリースに対して極端な依存感情を向け、自己を受容し、支持し、称讃を与えてくれることを望んだ。

フロイトは婚約時代からかなり強い神経症症状や精神身体症状に悩まされていた。すなわち、動悸、不整脈の発作、死の不安発作、鉄道旅行恐怖、手の運動麻痺、高揚から沈うつへの激しい気分動揺、意識の狭窄状態、頻繁に起こる腸症状、偏頭痛、鼻カタルなどであった。彼ははじめこれを身体的なものと考えたが、ブロイアーとヒステリー研究を行なううちに、自分の病気が神経症症状、とくにヒステリー的な症状であることを自覚するようになり、これらの症状をフリースに訴えた。フリースはフロイトの主治医となり、さまざまな治療を指示した。フロイトは鼻の手術をうけたり、生涯、片時も離さなかった葉巻を十四ヵ月もやめたりしている。しかし神経症症状は執拗に持続し、父の死の前後には最も悪化した。かつて夭折を恐れたように、彼はいま自分が死病にかかっていてフリースがそれを自分に告げずにかくしているのではないかと疑ったりした。

フリースとの関係は、はじめ鏡像の関係であった。境遇や年齢の似通ったこの二人は、いわば〝うぬぼれ鏡〟に自分を映すように自分の考えを相手に伝え、それに対して大げさな讃辞を期待するのであった。こうした関係は二人ながらに内面の自己不確実性を推定させる。しかし両者の関係は次第に変化する。第一には、フロイトが父の発病と死をめぐって激しい精神的危機におちいったことにより、第二には、神経症患者を妻に迎えていることからも示唆されるように、フリースは自分が治療者の側にまわることによって自己の内面の問題を抑圧しようとするタイプの人であったことによって、フリースが治療者に、フロイトが患者の立場になる。

一八九三年にはシャルコーが死んだ。フロイトはシャルコーの講義集を訳し（一八九四年）、一八九五年にはシャルコーの神経学を心理学に応用してそれを補完し、一つの体系樹立を試みようとした。しかしこの体系化の試みは唐突に放棄される。いわばフロイトはシャルコーの相続を試みて失敗したのである。一八九二年に始まったフロイトとブロイアーとの共同研究は、一八九五年に共著『ヒステリー研究』に結実するが、そのころフロイトはブロイアーに対して激しい怒りを爆発させ、二人は決裂する。シャルコーとブロイア

――この二人の〝父〟との関係の危機は、現実の父の死の前ぶれとなった。まさに彼の中の〝父〟が問題になっていたとき、一八九六年春、父は卒中に倒れ、十月に死去する。この間フリースへの書簡も途絶えている。「すべては私の全く危機的な時期に起こりました。」彼は父の死をすなおに悲しめなかった。彼は父の埋葬に遅れて行き、近親に非難された。その夜彼は、埋葬に遅れる原因になった床屋の店先に彼の悲しみが足りないのをなじる文面が掲示されている光景の出てくる夢をみる。このころまでは、自己の理論の記述や自分の診察している患者の報告が主であったフリース宛の書簡は、以後にわかに自己分析へと傾いてゆく。

フロイトは自分の夢を詳細に分析してフリースに書き送った。患者の診察中にも、彼はときどき意識狭窄ともいえるヴェールのかかった意識の薄明状態におそわれ、患者のことを考えているのか自分のことを考えているのかわからない状態になった。こうした状態がしばしば起こり、意識の枠組が解体し、彼は自由に浮かんでくる連想の流れの中に投げ込まれ、その中で失われた過去の記憶が次々と甦った。

一八九七年に試みたローマへの旅は先にも述べたように内なる制止の声のために挫折するが、この年の十月、父に向けていた無意識の敵意に気づき、その源をさぐって彼はついにエディプス・コンプレクスを発見するにいたる。それは彼自身の激しい抵抗を押しきってなされた発見であった。彼は自己の抵抗が打ち破られたという敗北感と発見の勝利感とを同時に味わう。それは自己発見の勝利感でもあった。彼は幾分過去の囚われを断ち切り、ある程度自己の神経症から自由になり、一九〇一年にはローマに入ることができたのである。このような自己分析の進む過程で、彼はフリースに対する傾倒の中に父の代理を求めるいわば父親転移という感情が働いており、同時に父に対すると同様の隠された敵意があるのを感じる。一九〇〇年ごろにはフリースへの強い依存感情をも自覚するようになり、この依存感情を克服し、自分の十字架は自分で負わねばならないと決意するのである。こうしてフリースによるフロイトの治療は終結に達し、二人の激しい友情のドラマは閉じられることになる。

フロイトとフリースとの関係は複雑な転移関係である。それはフロイトを女性側とする同性愛的な依存関係に始まっている。この同性愛は父による去勢を恐怖するあまり自己の男性性を否認するタイプのものである。しかしシャルコーの死、ブロイアーとの決裂、そして現実の父の死などを契機にして、フリースは直接の父親転移の対象になった。はじめはエディプス的な陰性の(敵対的な)転移であったが、次第に陽性の依存感情に移行していったのではなかろうか。フロイトはまず母をめぐっての父との葛藤を自覚し、それをエディプス・コンプレクスと命名したのであるが、同時に、自分がかつてシャルコーのところにあったとき、シャルコーに対する自分の感情が、シャルコーに寄せる彼の患者たちの感情と同一であったことをここであらためて想起している。それは、前エディプス的な、父への陽性の依存感情をも含んでいたとみるのが妥当であろう。

一八八九年から一九〇〇年にいたる危機を越えた彼はあまり自分を語らなくなる。それを不満とした弟子フェレンツィに向かって、彼は「私が、自分の人格をすっかりさらけ出すことは……例のフリースの一件以来その必要がなくなったのです。私はパラノイア患者が挫折するところで成功したわけです」（一九一〇年十月十六日、フェレンツィへの手紙、傍点引用者）と書いている。「あるパラノイア患者の自伝についての分析的研究」と題するシュレーバーというパラノイア（妄想病）にかかった裁判官の自伝の詳細な分析は、まさにこの手紙の翌年に公表されている。その中では、父親に対する葛藤と、同性愛の拒否から妄想が発展してくることが示されるのであり、おそらくフロイトは、ありえたかもしれない自己の難破の姿をシュレーバーの中に見ていたのではないだろうか。

フロイトの危機が何を契機として招来されたかは従来あまり論じられていないようである。それが父の問題を主題としていることは明らかであるが、現実の父の死が原因ではない。ブロイアーやフリースとの交渉、シャルコーの死も深い意味での契機とはいいがたい。おそらくこの心理的危機は何よりもまずフロイト自身が父になったことと関係しているのではなかろうか。長男マルティンは一八八九年、次男オリヴァーが一八九一年、三男エルンストが一八九五年に生まれており、危機が最高潮に達する一八九七年までには子供たちは皆父とのエディプス的葛藤を起こす年齢に達していた。自己の男性イメージが十分肯定的なものでなく、父に対して両義的な感情をもちつづけたフロイトにとって、父となる心理的準備は十分成熟していなかったと考えられる。この父親となることの恐怖は、後年まで尾を引いた。一九〇八年、五歳のハンス少年の分析においては、直接自分が分析するのではなく、その父親を指導して息子を分析させた。これはきわめて変則的な分析状況である。しかもこれがフロイトの唯一の少年症例であるが、彼はこの少年が起こすであろう父親転移をわが身に引き受けるのをためらったのではないだろうか。

フロイトとフリースとの関係は結果的には精神分析療法の治療過程そのものであって、ここに精神分析の起原を見いだすことができる。つまりフロイトはフリースという治療者によって、転移関係を通じて自由連想による自己分析を行ない、自己洞察を深め、自己の神経症から脱出し、その自己治療経験をモデルにして、その後の患者の治療を進めていくのである。しかし完全な精神分析は存在しないといわれるように、彼の自己分析はもちろん完全なものではなかった。「真の自己分析は不可能であり、それが可能なら病気になる者はない。」彼は患者を分析して疑問が生ずると、患者の問題を自己の問題として自己分析を試み、いわば患者の治療を媒介にして生涯にわたって不断の自己分析を行なったのである。

彼の著作はすべて自己告白の書であるということができる。危機の中から彼が携えて出て来た『夢判断』(一九〇〇年)は、危機の時期におけるフロイト自身の夢が中心になっており、つづく『日常生活の精神病理学』(一九〇一年)も自身の体験に基づくものがきわめて多い。ポンペイ遺跡での初恋の少女との夢幻的再会を主題とするある小説の分析『W・イェンゼンの小説『グラディーヴァ』にみられる妄想と夢』は、彼の思春期の危機にかかわっている。先に述べた「シュレーバー症例」は一八八九年以来の危機に関係があるといってよいだろう。

晩年

このころからフロイトの周囲には少数ながら弟子が集まるようになり、一九〇二年からアドラー、シュテーケルらを中心にした心理学水曜会がうまれた。これが後にウィーン精神分析学協会に発展し、ランク、フェレンツィ、ザックス、アブラハムなどが加わる。ことに一九〇六年、スイスの高名な精神科医ブロイラーがその弟子ユングとともにフロイトの仕事に関心を向けたことは彼にとって大きな喜びであった。彼は精神分析学協会を自分のライヒ(帝国)とよび、その発展に心を砕いた。活発で想像力の豊かなユングの人柄にひかれたフロイトは、ユングを自己の後継者、精神分析運動の主導者に見立てる。一九〇八年にはザルツブルクで最初の国際精神分析学会が開かれ、精神分析の影響は次第に全世界に及んでゆく。しかし精神分析運動は内部から分裂の兆が現われ、一九一一年にはアドラーが分派を作り、一九一三年ころにはユングの離反が決定的なものとなる。

愛する弟子アドラー、ユングの離反と、性理論を重視するフロイトの学説の本質に対する彼らの批判という危機的状況に置かれたフロイトは、この危機を乗り越えるべく精神分析理論の修正発展を企てる。初期の思想においては心的装置は無意識・意識から構成されていたが、これに自我の概念を導入し、エス・自我・超自我から成る心的体系を経て、自我心理学を確立する。さらに従来の性本能を生の本能の中に包括し、これに対立する自己破壊衝動として死の本能を想定する(一九二五—三〇年)。精神分析学の体系を完成した以後のフロイトは、「弱い自我にとって必要であった抑制を除去することは、強固な自我にとってはもはや危険なことではない」と考えた。彼はついに自己の問題を超克したと感じた。ブリュッケの教室に入ってから彼の内奥に秘められていた、幻想的、思弁的傾向は強い抑制から脱する。

一九二〇年代には彼の関心は次第に文化の問題に移行する。直接的には上顎癌という彼自身の生命の危機に直面し、第一次大戦後のヨーロッパ文明の危機に促されて、病める文化を治療しようと試み、『幻想の未来』(一九二七年)、『文化の不安』(正確には『文化の中にひそむ不快なもの』一九三〇年)を発表する。第一次大戦はヨーロッパと自己とを同一視していた多くの知識人の基底をゆさぶり、大戦後にヴァレリイの『精神の危機』やエリオットの『荒地』など、ヨーロッパの危機を自己の危機として捉えた作品が次々と発表され、共感を呼んだ。フロイトのいう〝文化の不安〟とは人間の攻撃衝動を指し、それには治療の道がほとんどないという悲観的なもので、同じくヨーロッパの危機の所産ということができよう。しかし同時にそれはフロイトの内面の問題、とくにフロイトにとって超克することの最も困難であった〝攻撃性〟の問題を文化のレベルに投射したものである。

彼はナチスに追われて一九三八年にロンドンに移り、翌年死去する。彼の晩年の主要な仕事は意外にも精神分析の具体的な技法に関するものであった。迫り来る死を前にして彼が後継者に真に伝えたかったものは、未来への予言ではなく、治療現場の体験であった。彼の治療者としての自己同一性は最晩年に至ってゆるぎないものとなったということができよう。

精神医学者への教訓

フロイトの生涯は彼自身の神経症とのたえざる闘いの歴史であったといえる。神経症の謎を解明しようとして、彼は彼自身の神経症に逢着し、彼自身の神経症を克服する過程で精神分析を発見し、この方法を患者の治療に還元し、患者を治療しつつ終生自己分析を怠らなかった。このようなフロイトの内面の歴史は必然的にわれわれ精神医学者の秘められた本質を明るみに出すことになる。われわれ精神医学者の内面には多少なりとも心の棘ともいうべき病的な部分があり、この部分がわれわれを動かし精神医学への関心をひき起こし、病める人間の複雑な世界を理解することを可能にさせているのではなかろうか。患者にとって治療者は「自己を映し出す鏡」であるとはフロイトのことばであるが、治療者にとっても患者は自己を映す鏡である(シュルテ)。患者が治療者の鏡に照らして自己の病理を洞察し病気から脱出するように、治療者も患者の病理を媒介にして自己洞察を深め、患者とともに自己を治療しつづけてゆくのが精神医学の優れた臨床家であるようにさえ思える。一般に偉大な精神医学者は、その精神病理学の学説を自己をモデルにするか臨床の実際で出会った患者をモデルにして構築するといわれる。しかしフロイトの生涯は、患者を媒介にしつつ自己をモデルにして自己の理論を確立するという方がいっそう真実に近いことを教えてくれる。

参照文献

S. Freud: *Aus den Anfängen der Psychoanalyse, 1887–1902 Briefe an Wilhelm Fließ*, S. Fischer, Hamburg, 1950.
S. Freud: *Brautbriefe*, Fischer Bücherei, 1968.
E. Jones: *Sigmund Freud, Life and Work*, 3 vols., Hogarth Press, Newall, 1953–57.
L. Andreas-Salomé: *In der Schule bei Freud*, Kindler Verlag, München, 1965.
D. Wyss: *Marx und Freud*, Kleine Vandenhoeck-Reihe, Göttingen, 1969.
「フロイド選集」日本教文社。「フロイト著作集」人文書院(とくに『夢判断』『日常生活の精神病理学』『症例研究』『文化への不満』)
E・フロム『フロイトの使命』佐治守夫訳、みすず書房、一九五六年
E・ジョーンズ『フロイトの生涯』(L・トリリングによる簡約版の邦訳)、竹友安彦・藤井治彦訳、紀伊國屋書店、一九六四年
土居健郎「人間フロイト」(『精神分析と精神病理』)、医学書院、一九六五年
懸田克躬「フロイト」(「異常心理学講座」第七巻)、みすず書房、一九六六年
土居健郎『精神分析』(「フロイトの遺産」)、創元医学新書、一九六七年
L・ビンスワンガー『フロイトへの道』竹内直治・光子訳、岩崎学術出版社、一九六九年
土居健郎・小此木啓吾編『精神分析』(「現代のエスプリ」)、至文堂、一九七〇年

O・マンノーニ『フロイト』村上仁訳、人文書院、一九七〇年

ルートヴィヒ・ヴィトゲンシュタイン

Ludwig Wittgenstein
1889-1951

ヴィトゲンシュタインの衝撃

ルートヴィヒ・ヴィトゲンシュタインはオーストリアに生まれ、主にイギリスで活動した、科学者出身の哲学者で、バートランド・ラッセルの初期の弟子の一人である。

彼はきわめて鋭い独創的な思考力の持主で、彼に触れた少数の人々に大きな衝撃を与えた。あのしたたかなラッセルすら、彼との出会いを〝ヴィトゲンシュタインの衝撃〟と呼び、「私の心を最も躍らせた知的冒険の一つ」と語っている。ラッセルの「論理的原子論の哲学」(一九一八―一九年)はラッセルが自認するように全くヴィトゲンシュタインの初期思想に基づいたものである。また両大戦間に「統一科学」「論理実証主義」の主張をもってはなばなしく活躍し、今日の英米の科学哲学の源流となっているウィーン学団は、事実上、ヴィトゲンシュタインの唯一の著書『論理哲学論考』(一九二一年、以下『論考』と略す)にうながされて誕生したものである。ヴィトゲンシュタイン自身はウィーン学団に加入せず、自分を論理実証主義者とはみなしていなかった。にもかかわらず、ウィーン学団の基本的テーゼのすべては『論考』によって先取りされているといってよいのである。

長い間彼の思想はわずかに『論考』一冊によって知られるにすぎなかった。初期思想の結晶である『論考』刊行の後、彼の生存中には一冊の著書も出版されなかったのである。一九二一年以後の彼の思想は、ごく少数の友人や弟子のほかには全く知られていなかった。ところが彼の死後、遺稿や講義ノートが公刊されて、初期とは全く異なる後期の思想が明るみに出た。彼はかなり早くから、自己の初期思想を〝重大な誤謬〟として否定していたのであった。さらに『論考』完成にいたる時期の日記や書簡、あるいは友人との対話が出版されはじめ、『論考』についても従来の解釈に重大な異議が提出されることになった。ラッセルなどはいわばヴィトゲンシュタインを誤読したというわけである。

このように多くの科学思想を触発しながらも、ヴィトゲンシュタインの全体像はまだ十分明らかにされているとはいえず、「彼が真に言わんとしたことは何であったか」は、たえず問題にし直されている。ヴィトゲンシュタインの一生自体が、「自分が真に言いたいことは何であるか」と問い直しつづけた生涯であったともいいうるだろう。今日、初期の思想がその後の論理哲学の発展の中ではほとんど全く止揚され、後期の思想はなお十分に紹介されず、評価も定まらないといった事情にもかかわらず、ヴィトゲンシュタインが多くの人に衝撃を与え、魅了しつつさえあるのは、彼の思想的生涯を貫く苦渋な探究と自己否定の反復のためではなかろうか。

ヴィトゲンシュタインは、主要な活動分野からみて科学者といえないかもしれない。その彼をここにとりあげるのは、彼が科学哲学に与えた影響もさることながら、科学者にとどまりえず、より一般的なものを追究して、数学、論理学、哲学にまで行き着いた例としてである。この追究をあとづける中で、いわゆる「誤読問題」、つまり彼の哲学の多義性にかかわる問題にもおのずと一つの答えが提出されることになろう。

天職を求めて

ヴィトゲンシュタインの祖先はドイツ系のユダヤ人である。祖父の時代にライプチヒからオーストリアに移住し、新教徒となり、羊毛商人として成功した。この祖父は十一人の子をなし、娘たちを軍人、司法官、科学者などに嫁がせた。とくに新教徒の指導者格の家柄と何重もの婚姻関係を結ぶことによってたくみにウィーンの上流社会に加入した。

父カール(一八四七―一九一三年)はきょうだいの中でも並はずれた力量の持主であった。資産家に生まれながら祖父のあとを継ごうとせず、ギムナジウムを中退し、自立を求めて渡米した。アメリカで給仕や家庭教師をして若干の金をかせぎ、帰国して技師となった彼は、妻の実家の鉄工場に入ると経営者に転じ、大胆な方針でそれを巨大な鉄鋼会社に成長させた。彼はオーストリア近代工業建設者の一人とみなされ、百万長者となった。彼はまたすぐれた経済評論家でもあり、一流音楽家の保護者となって豪華な浪費生活を送った。

しかしひたすらウィーン貴族社会への加入を渇望しつづけた祖父とちがって、父は生涯上流社会に対して二面的態度をとった。貴族とブルジョワ、実際人と芸術家、アメリカ的市民性と中欧の伝統社会あるいはユダヤ的家父長社会のいずれにも同化できず、矛盾した行動を示した。彼は宮廷の人と交際しながら、皇帝が貴族の称号を授けようとすると、これを拒否する。彼自身が芸術愛好家であり、また芸術家の家系から妻をめとり、自邸にブラームスやマーラーなど第一級の音楽家を招いてコンサートを開きながら、九人の子供たちには芸術家志望はもちろん、普通学校への通学すら許さず、徒弟として技術を習得するよう強制した。これは当時の人の目にも極端な態度と映ったらしい。彼はみずからその父からの相続を拒否し〝自成の人《セルフ・メイド・マン》〟の道を選んだように、子供たちにも自分を相続することを拒否したのである。彼は二重の意味で〝相続拒否者〟であった。みずからの信仰すら継承させず、子供たちには母に従ってカトリックの洗礼をうけさせた。

父カールはいわゆる〝境界人〟であったのだ。彼はいかなる帰属意識をもつことをも拒否した。それは彼がみずから選んだ道であった。そして自己の存在の危うさをたえざる精力的活動によってカバーし、強い攻撃衝動が自己破壊に向かうのをかろうじて食いとめていたように思われる。しかしより繊細だった子供たちはこのような釣合いがとれず、また父を恐れながら同時に畏敬の念をもっていたために精神的に父から分離自立することができなかった。結局、息子のうち三人が自殺している。末子に近づくと、さすがに父の態度もいくらかやわらいでいたのか、ルートヴィヒが十四歳のとき、大学に進学しない者のゆく「実科学校《レアールシューレ》」への通学を許した。またすぐ上の兄には音楽家志望をみとめた。後にこの兄はピアニストとして大成し、第一次大戦で片腕を失いながらも一九六一年に世を去るまでヨーロッパの楽界で活躍した。

幼年時代のヴィトゲンシュタインは圧制的な父に反抗もせず、怨みの気持さえ示さない子であったという。後年の彼は神の似姿を父にもとめており(『日記』)、真正の権威に対してはいかなる場合にも盲目的に服従することを倫理的な態度だと考えていた。この絶対服従性はカフカの短篇『判決』における父の言葉への絶対服従(父に叱責され、かりそめに「死んでしまえ」と罵られた主人公は、ただちに川に身を投じてしまう)に相通じるものであろう。ヴィトゲンシュタインのこのような態度は幼年期より一貫したものであったと思われる。

彼は幼時から器用で、精巧な機械を作った。彼の手になる模型の飛行機やミシンは周囲の者を驚かせた。またショーペンハウアーの厭世的な哲学に耽溺し、クラリネットを吹き、指揮者になるという夢をひそかに抱いていたが、兄たちのようにその志望を貫こうとして父と葛藤を起こすようなことはなかった。成績も「宗教」だけが優れていてその他はよくなかった。授業中教師に不意に質問されると呆然自失した。彼は生涯〝不意打ち〟に弱く、それを恐れつづけた。

このような〝日陰そだち〟の実科学校生が、十七歳のとき、突然ウィーン大学へ入って、物理学者になろうと決心する。ところが入学の年、有名なウィーン大学の物理学教授ボルツマンの自殺にあった彼は、やむなく当初の志望を変えてウィーンを去り、ベルリン工科大学に留学してヘルツ(G. Hertz――伝記はしばしば、伯父のH. Hertzと混同している)に物理学を学ぶ。二年の課程を終えた彼は英国に渡り、高層気象台に入って凧の研究をはじめるが、二ヵ月で放棄してマンチェスター大学に移る。ここでは彼はジェットエンジンを作るが、そのうちにエンジンよりもプロペラに熱中しはじめる。彼の作った精巧な模型は現代のジェット・ヘリコプターの先駆といわれる。彼はいくつかの特許をとる。晩年、「あのままやっていたら、ちょっとしたものになっていただろう」と弟子に語っている。しかし二年もたたないうちにこれも放棄する。

彼の興味は一箇所にとどまることがなかった。プロペラの研究は流体力学へ、流体力学は応用数学へと彼を導く。さらに純粋数学へ、数学基礎論へ、数理論理学へと、次々に積みあげたものを中途で放棄しながら彼は移っていった。自分の〝天職《ヴオケイション》〟、すなわち自己決定を求めてのこの彷徨は彼自身にも苦しいものであった。彼はいつも落ち着きがなく、せかせかとして不安げにみえたという。「自分はこのころいつも不幸だった」と彼は後に語っている。

一九一〇年ごろ、誰かがヴィトゲンシュタインに、当時注目されつつあったラッセルの『数学の諸原理』(一九〇三年)の存在を教えた。彼は即座に自分の天職が明確になったことを感じた。彼はラッセルがこの本の中で称揚しているイエナ大学の数理論理学者フレーゲ教授に会いに行った。しかしフレーゲは当時すでに六十二歳、主著『数論の基礎』(二巻)はすでにおよそ七、八年前に刊行を終えていた。そして刊行の間際にラッセルの提出した逆理に衝撃をうけ、「無理数に直面したピタゴラスのように」(ラッセル)数学基礎論を放棄して数論の幾何学的取扱いの中に逃げこんでいた。おそらくフレーゲは〝ヴィトゲンシュタインの衝撃〟を耐えがたく感じたのであろう、「君はラッセル向きだ」と言った。ヴィトゲンシュタインはケンブリッジにひき返し、ラッセルの学生となる。一九一一年秋から一三年までケンブリッジにあった彼は猛烈な勉強をはじめ、短期間でラッセルのすべてを吸収し、独創的なアイディアを頻発させ、ラッセル自身に脅威を感じさせるにいたる。ついに彼は自立を達成したことを感じた。

圧制的な父に呪縛された、古典的な分裂病質のこの少年が、知的能力に頼って自立を志向したとき、その主題がまず、凧、ジェットエンジン、ヘリコプターなど、〝飛翔〟という主題に貫かれていることは興味深い。ニュートンも凧を愛したことが想起される。

一般に分裂病の素質をもつ人が自立を求めるときには〝垂直上昇志向〟ともいうべき、即時的、全面的、超脱的自立の幻想的願望が奔出してくるものである。それは階層秩序《ヒエラルヒー》を承認し、その枠内で段階的に〝昇進〟を志向する躁うつ病質の人の自立の場合とあざやかな対照をなす。

分裂病質の人にとって、自立への試みはとくに危機的である。それは、彼らの狭い世界の維持に必要な自閉性と受動性を全面的に撤回することを意味し、ただちに彼らの世界全体の危機となるからである。ここで分裂病の素質をもつ人が自己の生の危機を〝局地化〟する能力に乏しく、危機が容易に全体化する事実が注目される。彼らは自己の世界をささやかな局地からきずきはじめ、漸進的に拡大、成熟させてゆく暇がないと感じている。したがって彼の世界全体にわたって今までの〝猶予〟が撤回されると、彼らは即時的、全面的自立を求めざるをえないのである。彼らは〝飛翔〟しようとする。

〝飛翔〟を主題とする科学的実践は、いわば生の飛翔の等価物、代替物である。実にしばしば、分裂病圏の科学者は、自己自身の発展や成熟を決定的に断念し、問題を物理や数学という超個人的な知的世界に移し、知性の力によって恒久的な問題解決を試みようとする。彼らの多くは自然の〝一部〟を扱うような科学を決定的に不満足なものだと感じ、一つの〝世界〟の名に価するような自然の包括的体系化を試みる。ある者はさらに遠くまで行き、現実を決定的に止揚した、抽象的で自己完結的な〝世界等価物〟、たとえば数学や論理学、言語理論などの体系をつくろうとする。それは分裂病圏の人たちの危機が彼らの世界全体の危機であり、危機に対する反応がしばしば生からの全面的撤退であることによる。

ヴィトゲンシュタインが『日記』の中で語っているように、彼にとって、生の意味、世界の意味は全く世界の外にあった。われわれは世界の出来事を意志によって曲げることのできぬ完全に無力な存在であり、「ただ出来事を左右することを完全に断念することによって、世界から私自身を独立させ――ある意味で世界を支配することができる」(『日記』一九一六年六月十一日、傍点引用者)だけであった。それゆえにこそ彼は具体的な生の問題を断念して科学に向かい、さらに一般化、抽象化の道をたどって論理学に到り着いたのである。論理学を選ぶとともに、彼はショーペンハウアー流の認識論を決定的に捨て去った。いわば彼は自我と世界との関係を止揚し去ったのである。

彼の論理学における重要な発見の一つは、「論理学的真理はすべて同語反復《トートロジー》である」ということである。つまり乱暴にいえば、A=Aをまわりくどくいったものであり、現実について何も教えず、逆に現実によって反駁されることもない。彼にとって論理学は何よりもまず現実に汚されない自立性、自己完結性をもつものであった。それゆえにこそ彼は論理学に魅せられ、ここでついに〝天職〟に出会ったと感じたのである。彼は主観と客観との関係を論じる認識論などは心理学にすぎないとして切りすて、哲学を論理学と形而上学に分けて、前者が基礎だとしている(一九一三年夏、ラッセルへの手紙)。論理がトートロジーであるということはラッセルも思いいたらず、ヴィトゲンシュタインからきいて目から鱗の落ちる思いをしたという。

ところがラッセルは、ヴィトゲンシュタインが現実に汚されない自己完結性をみたその同じものを〝仮説性〟ととらえている。たとえば「五角形は多角形である」という論理学的真理は一つのトートロジーであるが、「もしそれが五角形であれば、それは一つの多角形である」という仮説を述べたものともいえるのである。ここに両者の捉え方の微妙な差がある。フランスの数学者ポアンカレにいたっては、数学がトートロジーである可能性に思いを致しながら、これは奇妙なことだと考え、数学の帰納的、発見的な側面を強調している。しかしヴィトゲンシュタインにとっては、論理学、数学のトートロジー性はまさにそうあるべきことなのであった。さらに現実と異なって「論理には不意打ちがない」こと、可能と現実とのギャップがなく、可能なものはすべて現実的であることが彼にとっては魅力であった。彼は幼いときから〝不意打ち〟を恐れていた。

ヴィトゲンシュタインはこの抽象的な高みにいたるまで、中途のどの段階においても自己限定をなしえなかったが、幻想に押し流され能動性を失って妄想の世界にさまよい入ることもなく、一つの極限に到達しえたといえよう。しかし同時に彼の内面の緊張と不安定も極度に高まった。なぜなら論理学が現実を止揚しても、生身の彼は、彼の問題、彼の現実、彼個人の歴史を止揚したわけではないからである。むしろそこで、それらは絶対的に止揚しえないことがあらわになるのだ。

彼は哲学をはじめるにあたってラッセルに二者択一をもとめた。「私に哲学者の才能がなければ飛行士になります」——この一見唐突な二者択一が彼にとっては必然的な二者択一であったのは、具体的な行為としての飛翔を行なう飛行士になることによって、〝抽象衝動〟(ヴォリンガー)に基づく悪循環を断ち切り、一挙に現実へ戻ろうとする内心の反流があったからであろう。

実際には彼はラッセルの支持をうけて哲学者の道を選ぶが、緊張と不安は続く。彼はしばしば深夜にラッセルを訪問し、「追い出されたら自殺します」と宣言して、幾時間も沈黙したままラッセルの部屋の中を歩きまわった。正確に時間を守って十時に就寝するラッセルの部屋にいつまでも灯がついていると、ケンブリッジの人たちは「ああ、ヴィトゲンシュタインがいるな」と思ったという。ついにたまりかねてラッセルはたずねた。「君は論理のことを考えているのか。それとも君のおかした罪のことをか。」「両方です」とだけ答えてまた長い沈黙がはじまる……。ついにヴィトゲンシュタインはケンブリッジの学者社会が耐えがたくなった。彼は最高のエリートの秘密クラブ「使徒たち The Apostles」のメンバーに選ばれたとき、それを「時間の浪費」といって断わった。以後このクラブでは報復として彼の名は小文字で書かれることになったという。

一九一三年初秋、ついに彼はケンブリッジを脱出し若い数学者の友人(『論考』は第一次大戦で戦死したこの友人にささげられている)とアイスランド、ノルウェーへと一ヵ月の旅に出る。いったんケンブリッジに戻った後彼は一人でノルウェーに帰り、ベルゲン北方ソグネ・フィヨルドのちかくに小屋を建て、一年近く完全な独居生活を送る。ノルウェーの数あるフィヨルドの中でも最も美しいといわれるこのフィヨルドの、生命を感じさせない超絶的風景は、彼の内面とよく釣合い、いわば彼の心象風景となった。

このフィヨルドは彼にとって変わらぬ安息の場となり、後にも抽象的思考の生産性が高まったり、心的危機におちいりそうになるたびに彼はこのフィヨルドにかけつけるのであった。

ここから彼はラッセルらと手紙を交換し、『論考』の最古層となる部分を完成する(このころの彼のノートは暗号でかかれているという)。ラッセルとの密接な交友はここで終わりを告げる。ラッセルはその後もヴィトゲンシュタインのためにさまざまな配慮をするが、思想的懸隔の増大もあり、一九三〇年代のある日、ヴィトゲンシュタインの方からラッセルに絶交を申し入れてしまう。

一九一三年(フォン・ウリクトの『小伝』に一九一二年とあるのは誤りである)には父が死んだ。彼は遺産を気前よく他人に分かちはじめる。彼は「哲学するためには財産は邪魔になる」といった。自立の達成を背景にした、子の側からの〃相続拒否〃を象徴する行為であろう。このような遺産をもらった人の中には、詩人のリルケやゲオルク・トラクルがあった。このような文芸のパトロンとなった点で、ヴィトゲンシュタインは自立を志向しつつも父をモデルとしている面があるといえよう。『論考』の文体が父の経済評論の文体に酷似していることを指摘している人もいる。なお彼はリルケよりもトラクルの神秘的、厭世的な、死への傾斜を示す詩を好んでいた。

発病の危機

一九一四年夏、第一次大戦が勃発したとき、彼はノルウェー独居の帰途故国に立ち寄っていた。開戦の報を聞いた彼はただちに志願兵となり、砲兵隊に入り、はやくも八月十九日には東部戦線に到着する。イギリス哲学界という思想的温床から不意に切り離された彼は、日記体のノートによって、独りで探究を続行することを決意する。彼は冒頭に「論理は自活せねばならない」(一九一四年八月二十二日)と書く。この「ねばならない muß」という一語に、彼の不安な決意と内的緊張をよみとることができよう。さしあたり従来の論理学の線に沿って試論がつづくが、論理学そのものの内容的展開よりは、「論理とは何か」という、論理についての考察、とくに言語についての考察に重点が移り、論理と現実との関係が次第に問題にされてくる。一年前の「ラッセルへの手紙」にみられたような記号的展開はもはや『日記』にはみられない。

第一次大戦の前半、東部戦線でロシア軍が大攻勢に出てドイツ・オーストリア軍を圧迫したのは、一九一四年秋の「ガリシア会戦」と一九一六年六月以降の「ブルシーロフ反攻」の二回であるが、いずれのときも彼は前線にあり、とくに後者では一度ならず勲章を授与されている。ところで『日記』において重要な転回がみられるのは必ずこれらの激戦のさなかである。このことは、従来問題にされていなかったようである。『日記』が戦闘や兵士としての日常を全く語らず、抽象的語句で埋められていることから、兵士としての彼が哲学者的超然性をもって生きていたように思われているが、事実はおそらく正反対であろう。『日記』と戦闘の現実とはほとんど陰画と陽画のように対応する。彼ほど真剣な兵士はなかったのではなかろうか。後に述べるように『論考』においては〝書かれていないこと〟が〝書かれていること〟以上に問題にされるが、これと同様、『日記』においても記されていないものは記されているものと同じくらいに重要なのである。そして激戦の際にみられる哲学的転回は必ず現実優位の方向への転回である。

まずガリシア会戦のとき彼はヴィスツラ河上の砲艦にあったが、突然「論理は世界の映像である。これは自明である。だがどうしてか」という考えが浮かぶ(映像説)。これは「パリの交通事故裁判では、ミニアチュアをつかって事故現場を再現する」という新聞記事を読んだことが直接の契機になってうまれた考えだという。しかしこの新聞記事は実はかねてよりの自問に解答のヒントを与えたにすぎない。かつてひとたび止揚したはずの現実世界と論理との関係を、彼は戦争の現実の中であらためて問題にせざるをえなくなったのではなかろうか。このころより彼の『日記』は苦渋の色を帯び、「私は表現しえないものを表現しようと、またしても試みているのだ」などという記事が目立つ。

彼はいったん「映像は再び世界の上に投影されなければならない」(一九一四年十一月六日)としながらも、一九一四年十二月十日、砲艦を下り、後方の砲兵工廠に転属されるとともに論理優位の立場にたち戻る。すなわち彼は「論理は無限に細かい網目を織りなして全体として世界を映す一つの鏡である」(一九一五年一月二十四日)というこの「映像説」において、結局世界と鏡像との関係を逆立ちさせ、鏡像を研究すれば世界を研究したことになると考え、再び論理、とくに世界を映す論理としての(理想化された)言語に回帰する。

「命題は世界の尺度である。」(一九一五年四月三日)「私の言語の限界が私の世界の限界である。」(一九一五年五月二十三日) この限界設定によって彼はさしあたり一種の唯我論をたてる。「実際にあるのはただ一箇の「世界魂」であり、私はそれを私の魂とよびたいだけだ。……私はかねてより「私の発見した世界」という本を書くことができると考えていた。」(一九一五年五月二十三日) 彼はマラルメのように世界を一つの本に化そうとする知的ロビンソンになる。しかしロビンソンの島がそれをとり巻く海の存在を予想させるように、言語によって語りうるものから成るヴィトゲンシュタインの島はその外にある〝語りえないもの〟の存在を予想させるのである。有名な「示されうるものは語りえない」というテーゼは早くも一九一四年十一月二十九日の項にみられる。

はじめ、〝語りえないもの〟はラッセルならば「階型の理論」で解決しうるような理論的なものにすぎなかった。ラッセルによれば、言語はみずからを説明しつくすことはできないが、それを補うためには第二の言語(言語の言語)をもってくればよい。第二の言語のためには第三の言語を、以下同様。後にラッセルは『論考』に付した序文の中で『論考』の困難は「階型の理論」によって解決されるだろうと示唆している。しかしヴィトゲンシュタインはこの示唆、ひいては「階型の理論」自体にきわめて不満であった。彼の中で〝語りえないもの〟は次第に重大な哲学的意味をもつようになってゆき、〝語りうるもの〟

の方がかえって第二義的な地位におとされてゆく。「ことばは深い水の上をおおう薄膜のごときものである。」(一九一五年五月三十日)

一九一六年六月四日、ロシアの名将ブルシーロフは退勢を一気に挽回すべく大攻勢を開始してきた。ロシア軍は大損害もかえりみず進撃を続け、東ガリシアの大部分を占領した。ヴィトゲンシュタインは混戦状態の中で戦いつづけ、勇敢な行動を示す。まさにこのときから『日記』の調子は一変し、従来の中立的文体は激しい息づかいをはらんだ簡潔で断定的な短文に変わる。彼はまるで信仰告白のように「世界の意味は世界を超越し、世界は私の意志を超越している」(一九一六年六月十一日)と熱烈に断言する。おそらく戦闘の極限状況の中で、彼はパスカルのような烈しい〝被造者体験〟を経験して一つの回心をなしとげたのであろう。

「神、そして人生の目的、これらについて私は何を知ろう。私の知るのは、世界があること。眼が視野の中にあるごとく(いわば虚の状態で——引用者)、私は世界の中にある。……世界の意味は世界の中にはない。生とは世界である。……生の意味とは、すなわち世界の意味、それを神とよんでもよい。神を父として、たとえばそれを生の意味に結びつけることができる。祈るとは生の意味を思惟すること。」(一九一六年六月十一日)

通常、人は、相矛盾するようにみえる二つの事実、すなわち自分が〝世界の中の一人

one of them〃であるという事実と、(自分にとっては)自分があってはじめて世界があるという事実を統合して余裕感と能動感をうみだしている。これはわれわれが不断ほとんど意識せず、いわば大気のように呼吸している自由感の源泉である。逆に極限状況においては、自分が隠れようもなく一人で世界と対決しており、世界は自分を無限に凌駕し、あたかも世界が自己に優先するように感じられる。これは〃聖なるもの《ヌーメン》〃体験として宗教的回心体験にも通じうるが、分裂病発病の危険も切迫しているのである。もし余裕と能動性が最終的に失われるならば、妄想気分すなわちつかまえどころのない世界変容感と、絶対的な未来剝奪感が到来して分裂病への転落となりかねない。すでに『日記』は、非人称的な〃意志〃による世界全体の目に見えざる変貌について語っている、——「善なる意志、悪なる意志が世界の上に作用を及ぼすとしても、それは事実の上にではなく、世界の限界の上に作用を及ぼしうるだけであろう……。つまり世界はそれによって全く別のものとならねばならない。世界はいわば全体として増減する。あたかも意味の付加または脱落によるかのように。」(一九一六年七月五日)

この危機の中で彼はほとんど能動性を失わんばかりである。彼は言語を絶する絶頂感の中にある。「……生の問題の解決は、その問題の解消にある。しかし生が問題をはらまなくなっても、なお生きつづけることが可能だろうか。」(一九一六年七月六日)「満たされたと感じた生の問題が何であったか、もはや語ることはできない。長い懐疑の後、生の意味が明らかになった男が、世界の意味とは何かを語ることのできないわけがわかった。」(一九一六年七月七日)「汝の隣人を愛せよ、これは意志だ」と彼はいう。「世界との一致によって……私が依存しているかのように思われる、あの見知らぬ意志と一致することができる。……私の良心が私の平衡をかき乱すときは、私が〝あるもの〟と一致していないときだ。」(一九一六年七月八日)世界との一致によって彼のあまりにも根深い罪悪感もひとたびは止揚されたかにみえた。しかし危機のさなかで体験する多幸的《オイフオリッシユ》な絶頂感はきわめて危険な徴候である。

しかしヴィトゲンシュタインはもちこたえた。彼は絶対の現在において自己と世界との一致、意志と行為との一致による神秘主義的な方向への超克を行なったのである。

ガリシア会戦以後の二ヵ年あまりの一連の危機的体験がいかに激烈なものであったかは、同年十月、後方にさがってきた彼が、まるで失語症のようにことばが見つからず、文章が組み立てられなかったことからも読みとれるだろう。

〝語りうるもの〟と〝語りえぬもの〟

その後も『日記』は世界について語っているが、それはもはや論理や言語と鏡像関係にある世界ではなく、意志主体としての自我との関係における世界なのである。事実、これ以前の『日記』には二十一回見いだされる〝トートロジー〟の語が以後は一回しか発見されず、かわって以前には一語も見られなかった〝意志〟、〝願望〟が五十七回も見いだされる。彼は受動的な〝願望〟をしりぞけ、能動的な、行為と一致した〝意志〟を重視する。認識主体としての自我は存在せず、自我は意志主体であるという。

後方のオルミュッツ（現在チェコ領オルモウツ）で一年志願兵として将校になる訓練をうけることになった彼は、友人の紹介で建築家パウル・エンゲルマン（後に彼の書簡を編み回顧録を著わした）と出会う。エンゲルマンは彼につき添い、みずからもいうように良き〝きき役〟となり、彼のいわんとすることを察して表現し、彼の〝失語症〟を治療した。一九一六年から一九二八年にわたる長い期間、エンゲルマンはさまざまの形でヴィトゲンシュタインの良き治療者としての役をつとめた。

エンゲルマンの伝えるところによると、この時期の彼はきわめて宗教的であった。彼の神は創造の神ではなく、審く神であり、神と人間の間にはパスカル的断絶があり、人間はこの地上では「なぜ」と問うことなく無条件に義務に聴従すべきものであった。友人ラッセルが反戦運動のために迫害されていることをきいて、ラッセルの勇気は認めるがそれは勇気の誤用であると語った。また彼はオルミュッツにあるヨーロッパ一高い教会の塔の頂上に住みたいなどといい出して友人を驚かせた。しかしエンゲルマンとの交友によって、彼は次第に平常心をとり戻していった。一九一七年には、二月革命で成立した短命な共和制ロシアのケレンスキー政権が連合軍への忠誠を証明するために最後の力をふりしぼっていわゆる「ケレンスキー攻勢」を行なうが、ヴィトゲンシュタインはもはや戦闘の現実に全的には没入せず、将校としての自由を行使してしばしば休暇をとり、エンゲルマンを訪れている。彼に内容を説明しながら『論考』が次第に現在の形をとっていった。

『論考』が疑似数学体系の形をとっていることはよく知られているが、これがはたして厳密な体系なのか、アフォリズムの集成にすぎないのかは議論が分かれている。私見によれば、『論考』の第一部、第二部は一九一七年以降に、「哲学を終わらせる」ような完璧な体系構成を目指して想をあらたに執筆されたものであるが、第三部以下は古いノートを整理しただけのものではないかと思われる。すなわち、第一部、第二部は世界、事実、論理、事態、そして映像説などについて、より包括的に、より高い抽象度、より整序された形、そしてより簡潔な文体で語っている。弟子アンスコム女史の作製した対照表にしたがえば、一九一三年以後の彼の『ノート』『日記』『手紙』の内容はもっぱら『論考』の第三部以降と対応している。第一、第二部と第三部以降には若干の重複する部分もあるが、その場合は第一、第二部の方がより簡潔で一般的な表現を与えられており、より完成された形である。しかし、この問題の決定は、現在探しもとめられている『論考』の草稿が発見、公刊される暁に期待したい(一九七一年、イギリスで出版)。

一九一八年、ついに現在見られる形で完成した『論考』は、一九一九年に捕虜収容所からラッセルに送られる。しかしヴィトゲンシュタインはラッセルが付した序文には根本的に不満であった。やりとりの後、ついに彼は「勝手にしてください!」といい、ラッセルはそのまま出版する。

ヴィトゲンシュタイン自身も『論考』に序文を付そうとして果たさなかったが、その梗概を記した書簡が一九六七年に公刊された。それによると『論考』はすぐれて倫理の書であり、それは〝書かれた部分〟と〝書かれなかった部分〟とから成っていて、後者の方が重要であるという。いわば彼は〝語りうるもの〟によって〝語りえないもの〟すなわち世界の意味——神——の陰画を提示しようとしたのである。「神は世界の中には顕われない。」(『論考』六・四三二)

ところでラッセルは単純に〝誤読〟したのであろうか。一九一三年夏、ヴィトゲンシュタインがラッセルに渡したノートの内容は、後の『論考』の一部にかかわっているが、それはラッセル的見解を支持しているのである。おそらくあの一九一六年夏の危機の中で、彼のそれまでの論理哲学的探究は、一見そのままでありながら根本的な価値転換、つまり

〝語りうるもの優位〟から〝語りえないもの優位〟へという逆転を起こし、全体系がいわば目に見えない組替えを起こしたのであろう。これが『論考』が二重の意味をもつかにみえる理由である。しかし一九一六年六月から日を経るにしたがって、同じく語りえないものの優位性とはいえ、それは当初の極限的な体験としての直接性を失い、次第に一つの哲学としての間接性へとゆるやかな意義変化を起こしている。これが、限界状況を体験した彼がそのまま剛毅な沈黙の中へ歩み去らず、想をあらたにして一つの哲学体系をつくりあげようとした理由であろう。

『論考』は〝語りうるもの〟として最終的に自然科学の諸事実のみを残す。そのことが理解されれば哲学は不要となる。「読者は梯子を登りきったら、それを投げすてなければならない。」(『論考』六－五四) 彼は哲学自体を止揚することによって哲学の問題を最終的に解決したと信じた。こういう感じ方は躁うつ病圏の人には途方もないことと思われるだろう。しかし分裂病圏の人にとっては、学問は世界の最終的解決の試みの等価物なのである。しかしこれは哲学者として自立を達成した彼にとって自己否定をも意味するものであった。彼はみずからを「自分の坐っている木の枝を切り落とす」(『哲学探究』)男のように感じたであろう。

こうして彼は哲学を全く放棄し、捕虜収容所から帰ると同時にまだ残っていた父の遺産をことごとく人に分かち与え、速成教育をうけて田舎の小学校教師となる。しかしそれは無残な失敗に終わった。

一九一九年からの数年は彼にとって最も暗い時代であった。彼はうつ的となり、周囲の人間が彼に奇妙な悪意をもっているように感じる。「恐ろしい状態が続いています……。それは私がある一つのことを乗り越えられないからです。むろん解決はただ一つ、それと決着をつけることです。しかし私の状態は、ちょうど泳げない人間が水に投げこまれ、手足をばたつかせながら水面に出られないのと同じです。」（一九二〇年六月二十一日の手紙）彼は自分がばかになったように感じた。決定的なことをなしとげたと信じたのは誤りだった。「私の人生は無意味な挿話の寄せあつめにすぎない。……私は課題を果たさなかった。そのため私は破滅しつつある。私は人生を善きものに捧げるはずだった。私は大空の星となるはずだった。」（一九二一年一月二日の手紙）彼は繰り返し自殺を思う。最後の救いを求めてエンゲルマンに会おうとするが、なぜかいざとなると会えないのであった。唯一のよろこびは「子供たちに童話を読んでやること」（一九二〇年二月十九日の手紙）であり、事実彼は熱心な教師であった。彼は『小学生の語彙集』を編み、出版する。しかし彼は、彼によれば「どこの人間よりもとくに邪悪な連中」（ラッセルへの手紙）である父兄たちといざこざを起こし、ついに学校をやめなければならなくなった。一九二〇年夏と一九二六年の春から夏にかけて彼は修道院の園丁となる。「庭師の仕事は……いちばんまともな仕事だ。一日の仕事を終えたとき、くたびれきって、私は自分が不幸ではないのに気づく。」(一九二〇年七月十九日の手紙) 彼はさらに修道院入りや建国後まもないソヴィエト帰化をこころざす。しかし修道院にさえまだわずらわしい人間関係があると考えた彼はそれを中止し、〝治療者〟エンゲルマンとともに二年間かかって姉の邸宅を細密に設計する。これは彼の生涯でただ一度の共同作業であろう。この邸宅はガラスと鋼鉄とコンクリートより成り、一切の装飾がなく、現代建築の先駆であるといわれている。ついで彼は妖精の彫刻を試みる。それはギリシア古典期の均整美をもつものであった。ヴィトゲンシュタインの作品は、彼の好んだ風景と同じく、一切の感情移入を拒否するものであった。

このころ、ウィーンには「論理実証主義」「統一科学」を標語に、一群の科学者がいわゆるウィーン学団を形成し、論理的見地よりする科学の再検討をはじめていた。彼らは『論考』こそ自分たちのいいたかったことであると感じ、ヴィトゲンシュタインに接触を試みた。しかし彼にはエンゲルマンとの仕事の方がはるかに意義があった。『『論考』は傲慢の所産です。」「私はあの本からひどく遠ざかってしまいました。私はあの本の非常に非常に沢山の公式がわからなくなっているのです。」彼は学団の人たちに「大言壮語して笑い者にならぬよう気をつけたいものです。大言壮語とはうぬぼれ鏡に自分を照らしてみる

卒乳

哺乳を終えることを卒業になぞらえた語。いわゆる「乳離れ」を意味する語としては、『広辞苑』に「断乳」という項目もあるが、こちらは育児をする側が計画的に授乳をやめる場合に使われることが多い。「第七版」で初めて加わった「卒乳」には、乳児の側の意思に配慮するような含みがある。育児についてのことばや常識はだいぶ変わってきているようだ。

ことです」と忠言した。また「形而上学の撤廃ですって。何を今さら。ウィーン学派のしていることは〝示す〟べき事柄で、語るべきことじゃありません」。彼は学団での講演のとき、いきなり背を向けてインドの詩人タゴールの詩を朗唱したりした。

しかし一九二八年、ウィーンでオランダの数学者・論理学者ブローエルの講演をきいた彼は気負いを感じた。「これくらいでよいなら、自分も哲学でまだ少し何かできそうだ。」ついに一九二九年彼は友人たちのすすめに従ってケンブリッジに赴き、翌年から教授の職を退く一九四七年まで講義を行なう。休暇にはウィーンに帰り、ウィーン学団の人たちとも交渉をもち、『論考』を解説したりしている。

一九三〇年から一九三二年にかけては、主に数学論に没頭し、多産的であった（未刊のものが多い）。

一九三三年のある日、彼は汽車の中でイタリアの経済学者ピエロ・スラッファに会った。スラッファはケインズが「この人にかかると何ものもその目からのがれられない」というほどにきびしい眼識の人であった（『人物評伝』「マルサス」）。ヴィトゲンシュタインが、命題とそれが記述しているものとは同一の論理的形態をもっていると主張すると、スラッファは突然あごを撫でた。「これはどうだ」とスラッファはいった。それはナポリ人特有の軽蔑の身ぶりであった。身ぶりとその意味の構造的同一性をとうとう発見できなかったヴィトゲンシュタインは、かねてよりの映像説を決定的に捨てた。そのとき彼は自分を「すっかり枝を落とされてしまった樹木のように」感じた。やはり彼は〝不意打ち〟に弱かったのである。彼は再びソヴィエト移住を考える。哲学をやめて医師になろうとしたのもこのころである。つづく一九三六年から三七年にかけてはノルウェーに独居している。

その後再建された彼の哲学は「世界をありのままに残しておき」言語のみを問題にするものであった。彼は、言語を規約に基づく一つのゲームとして考えた。哲学の問題は規約を無視して言語を使用することから起こるもので、それは〝絵にかいたドア〟に対して悪戦苦闘しているのに、後ろのドアは大きくあけ放たれているというようなものであり、彼の哲学はそういう迷妄から哲学者を治療するものであるというのである。彼はさらに、他人の苦痛をいかにして理解するか、とか、私的言語は存在するかという問題に多くの思索をついやす。彼の晩期の哲学は、全体として、異なった星からの訪問者が人間の言語と取り組んでいるといった印象を与えるものである。彼のアレゴリーのいくつかは、カフカの晩年の短篇を思わせる奇妙な明晰さがある。

財産を放棄した彼はきわめて簡素な〝抽象的生活〟を送り、ケンブリッジの大学生活になじまなかった。昔、初めてケンブリッジを訪れたときには一分のすきもない身なりをしていた彼は、今や古ぼけたジャンパーを着、ネクタイの着用を嫌って学寮の食堂にも顔を出さなかった。哲学は三文推理小説にも劣ると公言した。彼は次第に考えの異なる人との交渉を避けるようになった。なかなか新しい弟子をとらず、少数の弟子たちは彼の影響を強く受けて口調や身ぶりまで彼とそっくりになった。彼をとり巻く弟子と彼との間に真の対話が成り立っていたかどうかは疑問である。そのうえ彼の猜疑心は年とともに強まり、いつも自分のアイディアを盗まれるのではないかという恐怖をもつようになっていた。これらの点で彼の晩年はニュートンのそれに似ている。しかし彼にはニュートンのような自己満足は訪れなかった。彼は弟子たちの前で絶句し、「ヴィトゲンシュタイン、ヴィトゲンシュタイン、おまえはどうしてそんなにばかなんだ」とか「君たちはひどい先生に習っているんだぞ」と叫んだりした。彼は講義を必ず自室で行なったが、机と椅子とカンバス・ベッドしかない裸の部屋の中で、円陣の中央に突っ立ったヴィトゲンシュタインがひとり表現をもとめて苦悶する姿は弟子たちに凄絶な感銘を与えた。何時間もの講義が終わると彼はとたんに人なつこくなり、弟子たちに「どうか西部劇につき合ってくれ」と哀願するのであった。彼が最前列の椅子に坐り、まじろぎもせずにスクリーンを見つめ、映像と音が「シャワーのように」彼の上に降り注ぐとき、彼には絶えて許されることのなかった忘我の一刻がわずかに与えられるのであった。

第二次大戦中の彼は、大学教授の身分のままで病院の運搬人や臨床検査技師になり、熱

アラン島より，アイルランド西岸ゴルウェイ近郊の岬を望む．
(撮影　郡司正勝)

心に働いた。ロンドンの科学博物館で、ひねもす蒸気機関車にみとれて過ごす彼の姿が見られた。大学教授を辞して後は、アイルランド西岸、ゴルウェイ近郊の石ころだらけの荒涼たる岬に小屋を借りて、野鳥を手なずけながら一年もひとりで過ごした。最晩年の彼は、たえず内的涸渇感にさいなまされながら探究を続け、それは胃癌を病んでいることを知ってからも変わらなかった。最後のノート『確実性について』の中では、「文章は決してあやまつことができない。いかに荒唐無稽な文章であろうとも——言語ゲームの規則にしたがっているかぎり——12×12＝144という数学的トートロジーと同じ確実性をもっている」と述べられている。彼は世界の完全な断念において、言語から不確実性をついに原理的に追放してしまったのであろうか。一九五一年に彼は死んだ。ノートの最終の日付は死の二日前である。彼は終生独身であった。

〝ワンダフル〟な生涯

同じ分裂病圏の科学者でありながら、ヴィトゲンシュタインの生涯はニュートンなどとはかなり異なっている。ヴィトゲンシュタインの体系は、たえず内外からの否定と崩壊の脅威にさらされていた。ニュートンよりも孤絶した世界に住みながら、外界との距離を保つことはいっそう困難であった。ニュートンはその自閉的な世界の中で〝内面の祝祭〟に耽り、外界との接触によってときたま危機におちいったにすぎないが、ヴィトゲンシュタインの生涯はたえざる危機の連続であった。いかなる職も、いかなる科学も、いかなる土地も彼を休らわせなかった。彼は「自分は呪われている」と半ば真剣に感じていた。

彼の生涯は、技術や芸術を経て数学や言語哲学に向かう〝抽象衝動〟によるあくなき追求の歴史であった。彼が一九一八年（『論考』完成の年）を境にして、この追求過程を再び出発点から反覆していることに注目したい。しかしまた、彼の生涯はたえざる内的緊張を伴った遁走の連続であったともいえよう。そもそも彼の方法論は問題を解決するものでなく、

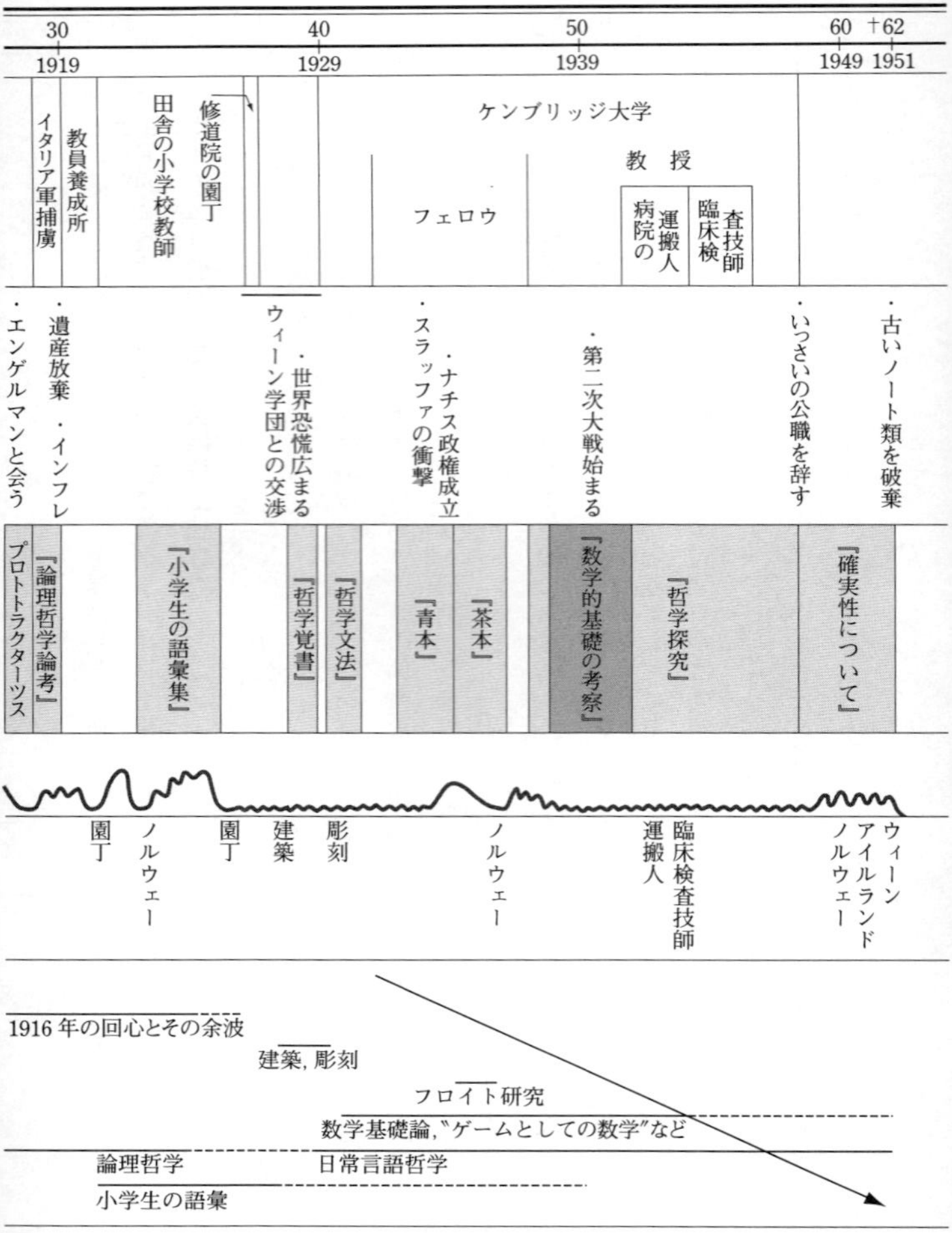

30
40
50
60
†62
1919
1929
1939
1949
1951
イタリア軍捕虜
教員養成所
田舎の小学校教師
修道院の園丁
ケンブリッジ大学
フェロウ
教　授
病院の運搬人
臨床検査技師
・エンゲルマンと会う
・遺産放棄　・インフレ
ウィーン学団との交渉
・世界恐慌広まる
・スラッファの衝撃
・ナチス政権成立
・第二次大戦始まる
・いっさいの公職を辞す
・古いノート類を破棄
プロトトラクタートゥス
『論理哲学論考』
『小学生の語彙集』
『哲学覚書』
『哲学文法』
『青本』
『茶本』
『数学的基礎の考察』
『哲学探究』
『確実性について』
園丁
ノルウェー
園丁
建築
彫刻
ノルウェー
運搬人
臨床検査技師
ノルウェー
アイルランド
ウィーン
1916年の回心とその余波
建築，彫刻
フロイト研究
数学基礎論，"ゲームとしての数学"など
論理哲学
日常言語哲学
小学生の語彙

表3　ヴィトゲンシュタインの生涯

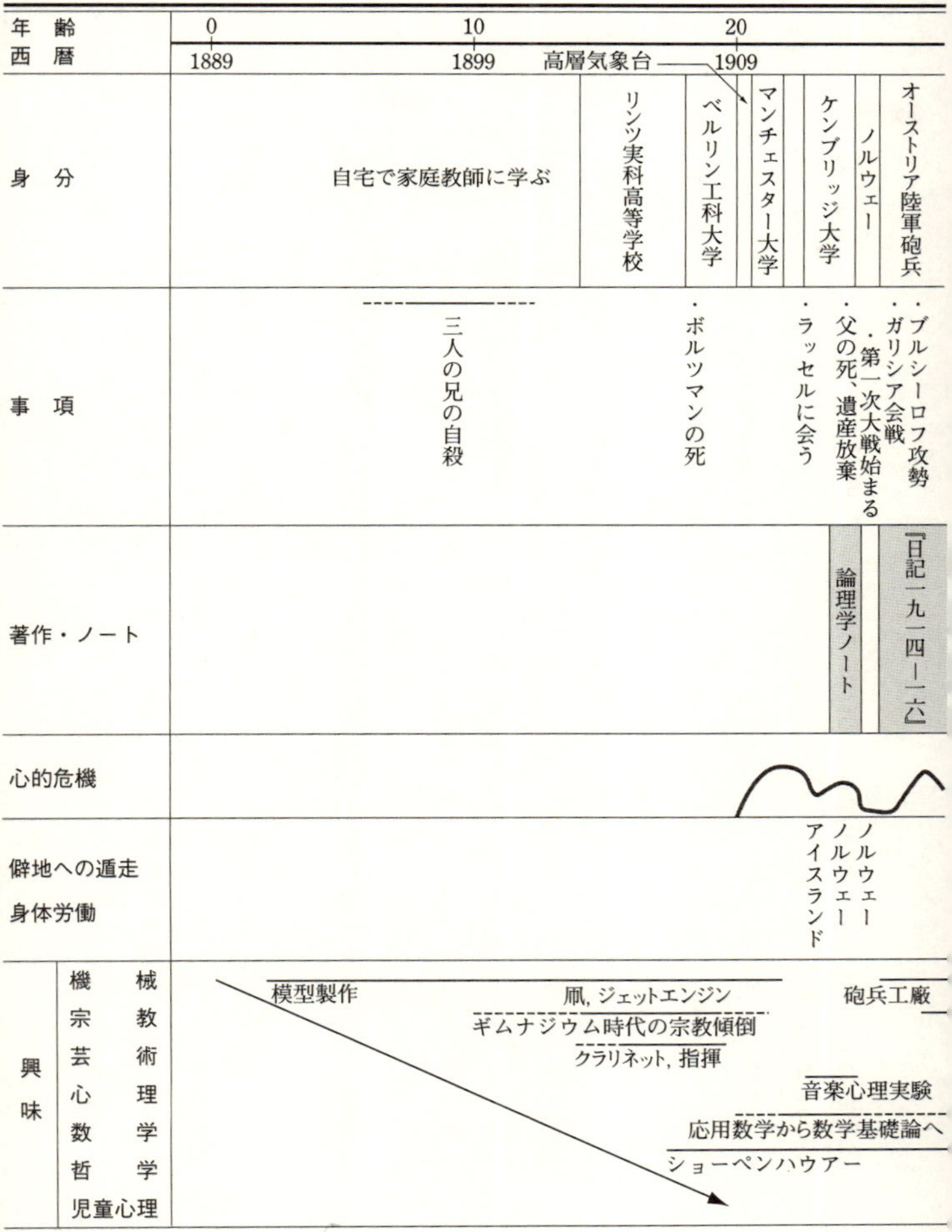
年齢
西暦
0
10
20
1889
1899
1909
高層気象台
身分
自宅で家庭教師に学ぶ
リンツ実科高等学校
ベルリン工科大学
マンチェスター大学
ケンブリッジ大学
ノルウェー
オーストリア陸軍砲兵
事項
三人の兄の自殺
・ボルツマンの死
・ラッセルに会う
・父の死、遺産放棄
・第一次大戦始まる
・ガリシア会戦
・ブルシーロフ攻勢
著作・ノート
論理学ノート
『日記一九一四―一六』
心的危機
僻地への遁走
身体労働
ノルウェー
ノルウェー
アイスランド
興味
機械
宗教
芸術
心理
数学
哲学
児童心理
模型製作
凧, ジェットエンジン
砲兵工廠
ギムナジウム時代の宗教傾倒
クラリネット, 指揮
音楽心理実験
応用数学から数学基礎論へ
ショーペンハウアー

問題自体を解消させるものである。「事実はすべて問題を課するのみで解答を与えない。」（『論考』六‐四三二一）「人は人生の問題が消滅したとき、その問題が解決されたことに気づく。」（同、六‐五二一）問題をひらかれたままで持ちこたえ、時の成熟をまってそれを解決しつつ進むのが発展的な人生だとすれば、当然のこととして彼の生涯には発展がないといえる。

彼はたえず発狂の恐怖を抱いていた。彼が生涯分裂病発病の瀬戸際にあったのは事実であろう。しかし彼はついに持ちこたえた。その理由の一つは、彼が自分の危うさについてはっきりした認識をもっていたことであろう。「二階にあがって梯子をはずした状態」、「自分の坐っている枝を切り落とす」、「ハエとり壺にはまったハエ」、「新聞を何部も買い込んで記事の確実性が増したと思っている男」など、人間のおかれている状況を鋭い直観的比喩で捉える能力があり、それを自己認識にも適用していた。

さらに彼はたえず限界を越えようとする知性に対する警戒心をもっていた。「カントールは、数学者が幻想の中であらゆる限界を超越しうるのはなんとすばらしいことだろうと書いている。この魅力が人を数学に走らせることはわかる。だが、私は証明などに魅力を感じない。むしろ嫌いだ」という意味のことを弟子に語っている（一九三八年夏の講義ノート）。逆に彼は、哲学とは知性の惑溺に対する闘いであると考えていた。そして内面の危機が高まると、園丁や運搬夫などの端的な肉体労働を選んだ。彼はまさに正しい意味での「作業療法」をみずからに課しえたのであった。「ある時代の病は、人間が生き方を変えれば治り、哲学的問題の病は、考え方と生き方を変えれば治る。個人の発見した薬では治らない。」(『数学的基礎の考察』)この考えを彼は自身の精神衛生に適用していた。蛇足ながら集合論の創始者カントールには自分の危うさに対する用心がなく、分裂病発病にいたっている。

彼は死の近いのを告げられたとき"Good!"と叫んだ。意識を失う前、かたわらにひとりいた医師の妻に向かって「あの人たちにいってください。私の生涯はすばらしいものwonderfulであった」と語った。弟子のフォン・ウリクトは、ヴィトゲンシュタインが生涯きわめて不幸であったことを思い、この最後のことばは感動的だが不可解であるといっている。しかし彼がたえず発病の危機にさらされながらも生涯もちこたえ、必ずしもむなしくはない爪跡をこの世に残しえたのはまさに驚嘆すべきwonderfulことである。われわれ精神科医にとってもそれはすばらしい、奇蹟的なwonderfulことである。これは単にすぐれた知性の持主というだけでなく、知性の惑溺に抗し、知性の偶像崇拝を終生拒否しうるほどにも強靱な知性の持主にしてはじめて可能な道であった。

参照文献

L. Wittgenstein : *Notebooks 1914–1916*, Basil Blackwell, Oxford, 1961.

L. Wittgenstein : *The Blue and Brown Books*, Harper Torchbooks, New York, 1965.

L. Wittgenstein : *Lectures and Conversations on Aesthetics, Psychology and Religious Belief*, Basil Blackwell, 1966.

L. Wittgenstein : *Ludwig Wittgenstein und der Wiener Kreis*, Shorthand notes recorded by F. Waismann, Basil Blackwell, 1967.

L. Wittgenstein : *Remarks on the Foundations of Mathematics*, Basil Blackwell, 1967.

L. Wittgenstein : *Philosophische Untersuchungen*, Suhrkamp, Frankfurt am Main, 1967.

P. Engelmann : *Letters from Ludwig Wittgenstein with a Memoir*, Basil Blackwell, 1967.

L. Wittgenstein : *Philosophische Grammatik*, Basil Blackwell, 1969.

L. Wittgenstein : *Briefe an Ludwig von Ficker*, Otto Müller Verlag, Salzburg, 1969.（W. Methlogl : *Erläuterungen zur Beziehung zwischen Ludwig Wittgenstein und Ludwig von Ficker* および G. H. von Wright : *Die Entstehung des Tractatus logicophilosophicus* を付す）

L. Wittgenstein : *Über Gewißheit*, Suhrkamp, 1970.

J. Passmore : *A Hundred Years of Philosophy*, Dickworth, London, 1957.

I. Bachmann : *Gedichte, Erzählungen, Hörspiel, Essays*, Piper Verlag, München, 1964.（追悼記が収録されている）

B. Russell: *The Autobiography of Bertrand Russell*, 3 vols., George Allen and Unwin, London, 1967–69.

N. Malcolm, P. F. Strawson, N. Garuer, S. Cavel: *Über Wittgenstein*, Suhrkamp, 1968.

G. Pitcher, ed.: *Wittgenstein—The Philosophical Investigations*, Macmillan, London, 1968.

P. Winch, ed.: *Studies in the Philosophy of Wittgenstein*, Routledge and Kegan Paul, London, 1969.

K. Conrad: *Die beginnende Schizophrenie*, Georg Thieme, Stuttgart, 1958.

L・ヴィトゲンシュタイン『論理哲学論考』坂井秀寿・藤本隆志訳、法政大学出版局、一九六八年

N・マーコム他『放浪——回想のヴィトゲンシュタイン』藤本隆志訳、法政大学出版局、一九七一年(G・H・フォン・ウリクトの「ヴィトゲンシュタイン小伝」を収録)

末木剛博『ヴィトゲンシュタイン』有斐閣、一九五九年

B・ラッセル『自伝的回想』中村秀吉訳、みすず書房、一九五九年

B・ラッセル『私の哲学の発展』(「ヴィトゲンシュタインの衝撃」)、野田又夫訳、みすず書房、一九六〇年

哲学会編『ヴィトゲンシュタイン研究』有斐閣、一九六八年

J・ハルトナック『ヴィトゲンシュタインと現代哲学』飛田就一訳、法律文化社、一九七〇年

L・ヴォリンゲル『抽象と感情移入』草薙正夫訳、岩波書店、一九五三年

J・H・ポアンカレ『科学と方法』吉田洋一訳、岩波書店、一九五三年

A・J・エイヤー『言語・真理・論理』吉田夏彦訳、岩波書店、一九五五年
末木剛博編『分析哲学』(『現代の哲学』Ⅲ)、有斐閣、一九五八年
J・M・ケインズ『人物評伝』熊谷尚夫・大野忠男訳、岩波書店、一九五九年
R・カイヨワ『人間と聖なるもの』(「戦争と聖なるもの」)、小苅米晛訳、せりか書房、一九六九年
H・メシュコフスキー『数学者の世界』久保田恵子訳、ダイヤモンド社、一九七〇年
V・メータ『ハエとハエとり壺』河合秀和訳、みすず書房、一九七〇年
L・ビンスワンガー『精神分裂病』Ⅰ・Ⅱ、新海安彦・宮本忠雄・木村敏訳、みすず書房、一九六〇―六一年
安永浩「境界例の背景」(『精神医学』第一二巻第六〇号)、医学書院、一九七〇年

ニールス・ボーア

Niels Bohr
1885-1962

ボーアの世界観

物理学者はすべてがニュートンやアインシュタインのように世界を超脱した視点に立ち、自己完結的な、完璧な体系の構築を目指す者ばかりではない。まさに対照的なのがデンマークの理論物理学者、「量子力学の父」ニールス・ボーアである。

二十世紀前半の量子力学の主流を形づくるのは、ボーアを中心とするいわゆる「コペンハーゲン学派」である。その物理学的思想はきわめて特徴的で、あえていえば、それは非常に〝人間くさい〟。量子力学の対象はいうまでもなく原子や電子などミクロの世界である。しかし彼らによれば単にミクロの世界というだけでは認識論的に正しくない。量子力学が対象となしうるのはマクロの世界(観測者すなわち人間)から感覚器官を含む観測機器を通してみた限りにおけるミクロの世界、いわば括弧つきのミクロの世界である。ミクロの世界それ自体を問題にすることは原理的に不可能なのである。なぜなら認識はマクロの世界に住む人間による観測、実験という行為と切り離せないものであり、観測の結果は観測という認識行為の刻印をうけずにはおかないからである。粒子性と波動性との間の「相補性原理」(ボーア)や、粒子の速度と位置に関する「不確定性原理」(ハイゼンベルク)はこの世界観の下に発見され、受容され、この世界観をさらに強化したのである。

相補性原理は、ミクロの世界の粒子、たとえば電子が、ときに粒子、ときに波動として考えられねばならないという矛盾を解決するために建設されたものである。それによると、電子が粒子性を示すか波動性を示すかは、電子が何と相互作用をするかによって、つまり電子のおかれている〝状況〟によって決定される。電子それ自体はどうであるかという問いは意味をなさない。電子を観測することは、電子を何らかの観測装置と相互作用させること、すなわち電子を一つの状況の中におくことだからである。

不確定性原理とは、ミクロの世界の粒子、たとえば電子の速度と位置を同時に両方とも正確に測定することはできないことを述べたものである。観測のために加えた操作は電子の位置あるいは運動量(速度)を大きく狂わせる。したがって位置を正確に知ろうとすれば運動量の観測が犠牲となり、運動量のためには位置が犠牲となる。ハイゼンベルクは、位置の誤差と運動量の誤差が一定値より小さくなることはありえない、つまり一方の誤差を二分の一にしようとすれば他方の誤差が二倍になることを証明したのである。

これらは観測の理論であると同時にミクロの世界における法則性それ自体である。ボーアにとっては、これらの法則の内包する哲学的意味は大きな感情的満足を起こすものであった。彼はそれらを量子力学あるいは物理学の枠を越えた一般的なものの見方にまで展げようとした。

このボーアの世界観は量子力学の建設に先立つこと遠く、彼が物理学と哲学の間をさまよっていた学生時代に胚胎している。彼の弟子オーイェ・ペータスンによれば、ボーアの修士論文は元来哲学論文として企画されたものであった。その中で彼は、主体と客体を相対立する二者としてでなく一つの連続体として捉え、両者の分割点は固定したものではないと考え、これを数学的に表現しようとした。これは観測の対象を常に観測者と連結したものとして考え、しかも観測の対象と観測者との境界を固定したものではないとするコペンハーゲン学派の考えそのものである。後にボーアはこの思考法を説明して、盲人が杖という観測装置を頼りに地面の凹凸を認識しつつ歩む場合にたとえている。杖をかたく保持しているとき、杖は手の延長であり、観測者に属している。しかし杖をゆるく持つならば、杖は地面の凹凸の延長となり、観測の対象の一部となるのである。この思想の数学的表現は、はるか後年フォン・ノイマンが量子力学を厳密な数学的基礎のうえにおいたときに初めて達成された。しかしこれと同一の発想を、ボーアはすでに物理学に進む前に構想していたのである。この世界観が「物理学とは主観から独立した客観的実在を取り扱う学問である」という通念と矛盾するものと考えた人たちは、ボーアらの思想を「コペンハーゲンの霧」とよんで、惑わされないようにと警戒した。

ボーアの思想的出発点は、「人間は自然の一部である」という限界性の意識である。彼はニュートンのようにこの限界の超越を目指さず、逆に限界性に徹しようとする。アインシュタインが「物理学とは実在を概念的に把握しようとする企てである」と定義するのとは逆に、ボーアは、物理学の任務が「自然がいかにあるか」を見いだすことと考えるのは誤りであって、物理学は自然についてわれわれが何をいいうるかに関するものであるという。また、アインシュタインにとって「自我からどの程度まで、どのような意味で自己を解放して」神の目に近づくかが問題であったのと対照的に、ボーアはそもそも自然の一部である人間、自然とひと続きである人間が、自然を認識しようとすること自体が逆説的であるとする。こう考えれば、認識過程に現われる矛盾や逆理はまさに事態の構造それ自身であり、むしろそれらこそが認識をすすめる手がかりであるとみなされよう。同じ理由で、理論の不完全性や一時性も不思議なことではない。いわば強い限界性の意識が、因果律、連続性の概念や理論の整合性などへの固執から精神を解放する契機となる。この逆説的事態が量子力学のこの段階で最も創造的な知的解放を準備したのである。

この意識の下にボーアたちはあくまで当面の問題、とくに実験的パラドックスから出発して、帰納的に当面の問題を解決する法則を発見しようとする。経験論的であり、改変、進歩を予想し、一時的あるいは不完全であることを厭わない。数学的に厳密な基礎づけはしばしば後まわしにされる。「ボーアにとって数学的明晰さそれ自体は何のありがたみもなかった。ボーアは形式的な数学的構造がその問題の物理学的核心をおおい隠すかもしれないと恐れていた。」(ハイゼンベルク「量子論とその解釈」、ローゼンタール編『ニールス・ボーア』)

アインシュタインのような気質の人にとって、それはきわめていらだたしいものであったらしい。アインシュタインとボーアとの長年にわたる有名な論争は、コペンハーゲン学派的な考え方がアインシュタインにとって究極的に受け容れがたいものであったことを示している。アインシュタインには、当面の実験的事実を説明するために連続性や因果性の概念を捨てるようなことは不愉快であった。法則が知られたらすべての作用は予知されねばならないとするアインシュタインは、量子力学の統計的、確率的性格をこの学問が不完全なためであるとした。「神がサイコロ遊びをするとは考えられないからね」というのが彼の感想であった。アインシュタインは「不確定性原理」をついに受け容れなかった。彼は繰り返し奇妙な思考実験を提出し、何とかして位置と速度とを同時に決定できることを示そうとした。多くの物理学者たちは、これを反対のための反対と考え、「知的不誠実」の烙印をアインシュタインに押そうとさえした。しかし問題はそこにあるのではない。アインシュタインにとってはまず整合的な全体としての世界が出発点であり、ボーアにとっては世界の中にある人間が出発点である。アインシュタインにとって重要なのは法則が世界を隈なく照らすことであり、ボーアにとっては必ずしもそうでなく、粒子性が明るみに出されるとき、波動性が暗がりにかくれていることは彼を悩ませないのである。

ボーアの思想は直接には自国の哲学者キルケゴールなどに由来するといわれる。キルケゴールは人間が世間を超越した立場に立ちうるという幻想をきびしく批判した反ヘーゲル主義者であった。しかしボーアはそれらを教条的に受け容れたのではなく、青年期の人にありがちなように、他人の中にまず自己の思想の表現をよみとったのである。それらの思想に傾倒した彼の青年期は、後に述べるように自己不全感、良心性、境界内停滞性などの性格特徴が最も強く彼を支配した時期であり、限界性の意識に基づく彼の世界観は気質に根ざす強い内的欲求に支えられたものである。もとより量子力学が違う人の手によればどのようにつくられたであろうかは答えのない問いであるが、現実に彼の下で量子力学が最も豊かに開花した歴史的事実の中に、気質と科学との見事な出会いをみてよいのではなかろうか。

幼少年期

ボーアは二代続いた教授の家柄の長男に生まれた。父は当時コペンハーゲン大学の生理

幼年期のボーア兄弟

学教授であり、母はユダヤ系銀行家の娘であるが、父のかつての教え子であって、家族には父の個性が君臨し、家庭は父の親友たちの集まる開放的な知的サロンであった。ボーアは二歳下の弟ハーラルとともにデンマークの知的エリートとなることが周囲から期待されていた。他に姉のイェンニーがいた。両親は受容的な人だったが、家族的伝統の立場を子供の幸福より優先させる、子供にとってはどこか庇護感に欠ける家庭であったろう。ハーラルの方が賢いといわれていたが、父はニールスを重視して「家族の中の特別な者」と呼んで期待をかけ、いろいろとものを教えた。

このような家族の中で、二人の兄弟は周囲の過大な期待に正面から応えず、むしろ目立たない存在であった。「この兄弟の子供時代には、こんな出来のよくない二人の子供を持ったお母さんに友人が同情したものです。」(ウィーナーの伝えるコペンハーゲンの老婦人のことば)そして早くから二人は双生児のような〝水いらず〟の世界をつくりあげたのである。二人は何につけても一緒に行動し、「分割不能のニールス、ハーラル」と呼ばれていた。

菓子パンを一つもらったニールスは弟に分けるために午後中弟の名を呼びつづけていたことがあった。弟の方が敏捷で常識と機智があり、腕力も強く、兄弟喧嘩で勝つのはいつも弟であった。兄ニールスは愚直で気がきかず、弟に負かされていながらも心理的に弟に依存していた。たとえば小学校に入るとき、ニールスは弟が一緒に来られないことや、学校で作った工作品を弟に持って帰れないことをひどく悲しんだりした。

彼らは父の書斎に集まる教授たちの知的会話にいつも二人で耳を傾けながら成長していった。ギムナジウムに入るとともに二人は次第に頭角を現わし、とくにニールスは数学と物理学にまぎれもない才能を示しはじめた。ニールスの精神のテンポはこのときすでに後年のように人にぬきん出て早く、物理の問題を解くときなど、黒板消しを使うのがまだるこしいと袖や指で消しながら新しい記号や数字を記していったという。もっとも作文は駄目で、導入部と結論が書けなかった。これは後年の彼の論文が、導入部なし

老年期のボーア兄弟．二人の競争的かつ依存的関係は終生を通じてのものであった．

にいきなり今までの仕事の展望から始まり、最後もしばしば結論を欠き、新たな問題を提示したままで終わるのと軌を一にしており、生涯を通じての彼の思考のパターンを如実に示している。

二人のいこいの場は郊外ネルムゴールの母方の別荘であった。そこは祖母の支配下にあり、厳しい父が砂糖を禁じても、甘い祖母が「きっと彼には必要なのでしょう」といった。

クラブ「エクリプティカ」の世界

二人の兄弟は家族の期待どおり相継いでコペンハーゲン大学に入り、兄は物理学を、弟は数学を選んだ。

二人の水いらずの間柄はここでも続き、それは父の親友の哲学教授ヘフディングのもとに集まるメンバー十二人の閉鎖的な討論クラブ「エクリプティカ」(「黄道」の意)のメンバーの間の濃密な友情へと拡大した。この友情は終生続き、やがて共同のヨットを所有し、晩年までクルージングを楽しんだり、石で水を切る遊びにふけったりした。この「エクリプティカ」の集まりのときでさえボーア兄弟は二人だけで議論に熱中することが多く、他のメンバーは中に割って入れないのであった。二人が離れているときは手紙の交換が頻繁で、ときには一日三通にも及んだ。ニールスは弟への依存を自覚し、それを恥じて「いくらかだらしないこと」と思っていた。

何事につけてもリードするのは依然として弟であった。修士論文の完成も、留学も、学位の取得も弟に先を越された。二人とも大学ではフットボールの選手であったが、弟はハーフバックで、一九〇八年のロンドン・オリンピックで銀メダル受賞者となったのに、兄は補欠のままであった。

しかしニールスの方が父の書斎の雰囲気により深く影響されたといえるだろう。父は、ヘフディング教授と物理学のクリスチアンスン教授の二人ととくに親しかった。父も含めたこの三人から、ニールスは問題提起の重要性、認識論、二元論、良心の問題など、後年の彼の学問の骨格を学んだ。「思想は人間によって考えられるより先に存在したか」など、コペンハーゲン学派の思想の萌芽もこの時期にうまれたものである。またクリスチアンスン教授の指導下に、彼はドイツの理論物理、とくに波動問題を重視する傾向と、イギリスの実験物理、とくに原子に関する業績とを結合して次第にみずからの方向を定めていった。

この時期に、ボーアには注目すべき性格特徴が現われてくる。熱中性、徹底性、小事拘泥とさえ言いうる几帳面さなどである。手紙ひとつ書くにも何度も草稿を書き直した。その草稿も他人には完成した手紙と見えるものであった。弟は兄に苦渋な努力を強いることを恐れて兄への手紙の末尾には「返事無用」と書いたり、「母上に返事を書いてもらってくれ」と記したりした。ボーアの手紙には、手紙と思えないほど括弧や註が多い。まして論文ともなると、晩年に至るまで、推敲に推敲が重ねられ、そのたびに修飾や註釈が増して際限がなくなるのであった。彼の論文は他人の目にはいつも長すぎるようにみえたが、彼にとってはまだまだ短かすぎた。この有名な〝ボーア的徹底〟の底には、完全を求めてやまない高い自己要求と、その裏にひそむ満たされることのない不全感がある。その結果、みずからに飛躍を許さない境界内停滞性や良心性が現われ、あくなき努力へと彼を駆りたてるのである。これらは近年、うつ病の素地としてとくに注目されている「執着性格」(下田光造)あるいはそれと相通じるところの多い「メランコリー型」(テレンバッハ)の特徴そのものである。

これらの性格特徴の顕在化は、その時期からみても父に代表される周囲の期待を引き受ける決意と無関係ではないであろう。権威的な外部の期待は内面にとり入れられて良心と化し、到達しがたい自己肯定へ向かって彼を駆りたてる。いわば彼は父の目で自分を律するのであった。

同じ几帳面、不全感、完璧の追求にしても、強迫性格者の場合には自己の内面の不確実性を代償し隠蔽するためであり、分裂病圏の人にあっては半ばは外界に対する防衛、半ばは幻想的な高さにまで高められたナルシス的自己像に合致しようとする努力に基づくものである。いずれも、内面的、外面的権威に咎責しようとする躁うつ病圏の人とはおのずと意味を異にするのである。

彼の学者としてのデビューの時期に示された父の影響力はきわめて大きい。一九〇五年、デンマーク学士院の懸賞論文「液体の表面張力」に応募したのも父の許可を得たうえでのことであり、実験はもっぱら父の研究室を使って行なわれた。

仕事を始めるとボーアの執着性格がむき出しとなった。非常に精密な測定を目指し、ガラス管の断面をいちいち顕微鏡で吟味した。しかも彼の目から見れば是非とも測定しておかなければならない量が次々に現われて、どこかで打ち切らない限り論文が書けない破目におちいった。見かねた父が適当なところで実験をやめさせ、せき立て、訂正の暇を与えないようにし、ようやく論文を完成させたのであった。この論文は金賞を獲得し、翌年、英国王立学会の機関誌『フィロソフィカル・トランスアクションズ』に掲載された。その中には三十五年後の核エネルギー研究の手がかりさえ潜んでいたといわれるが、彼にはまだ満足がゆかなかったのである。

彼は修士論文ではローレンツの論文に批判的に取り組み、博士論文では金属電子論にいどんだ。一九一〇年〝ボーア的徹底〟の代表といわれる学位論文「金属電子論」がついに完成した。それは多数の文献を網羅し、引用や註釈でいっぱいであった。この論文は審査員の理解を越え、表現をほめられただけで審査をパスした。もはやデンマークで彼を指導しうる人のいないことは明らかとなった。弟もすでにゲッチンゲンに去り、永遠に続くかに見えた「エクリプティカ」の濃密な友情の世界からも皆それぞれの道を求めて立ち去りつつあった。そのうえ学位審査の少し前に父が世を去った。彼はあらゆる意味でみずからの道に向かっての出立を迫られていたのである。友情の世界をいくらかでも永続させようとするかのように、彼は親友の妹と婚約して後イギリスに向かって旅立った。

〝ラザフォード空間〟との出会い

ボーア家にとって留学は「小学校へ行くのと同じ」当然のことであった。彼はようやくボーア家の成員としての基準に達したにすぎない。イギリスという選択は、亡き父の親イギリス思想、イギリス趣味にかなり左右された結果である。しかも留学先は父と面識のあったケンブリッジ大学のJ・J・トムソンのもとであった。ボーアの社会的自立にはなお父の影が濃い。トムソンは当時物理学界の大御所であった。初対面の口火をトムソンの仕事の誤りを指摘することで始めたボーアには、父に対するような気負いとその裏にひそむ甘えがあったであろう。ボーアは温かく迎えられたと信じた。実際にはトムソンは彼を軽くあしらっていた。携えていった「金属電子論」は読まれもせずに書類の下積みとなった。

ボーアはケンブリッジの伝統に従ってガラス細工を習うことから始めねばならず、それができても実験は遅々としてはかどらなかった。しかもこの実験からは何の結果もえられなかった。トムソンは「金属電子論」をようやく雑誌に紹介してくれたが、編集者はそれを半分に短縮するよう希望し、彼は例によってとうてい折り合えず、ついに論文は出版されなかった。「今になってみると、これは電子論の研究者すべてにとって深刻な損失であった。」(ローゼンフェルトおよびルーディンガー)

ボーアはこの時期に幾分うつ的な気分の沈滞を経験しているようである。しきりにデンマークをなつかしみ、孤独を訴えた。彼の精神的力動はおのずと過去に向かい、幼時を回想し、とくに父の思い出を分かとうと婚約者に手紙を書き綴る。この希望喪失状態から回復するきっかけとなったのは、ニュージーランド出身の物理学者ラザフォードとのめぐり会いである。一九一一年のクリスマスにケンブリッジを訪問したラザフォードは声高に天井まで笑いを鳴りひびかせる陽性の人であった。ボーアは一目で好きになった。この年ラザフォードはアルファ線の散乱から推定した原子構造のモデルを発表しており、ボーアはその話を聞いて、このような人のもとで働きたいと思った。しかしこの希望を実行に移す勇気が出ず、イギリスに来る予定の弟を待った。弟の支持をえた彼は、ようやく父の友人の紹介で彼に会うことができた。ラザフォードはただちにボーアの資質を見抜き、自分の研究室へ招いた。それでもボーアはケンブリッジを去ることが彼に対する故国の知己の信頼を失うのではないかと心配し、ためらった。

一九一二年の春からマンチェスターに移ったボーアは「ラザフォード自身よりも真剣に」ラザフォードの原子模型を考えはじめた。早くもその夏、ラザフォードの原子模型にプランクの量子仮説を適用して、周期律や化学結合を原子構造から説明する画期的な構想を完成し、ラザフォードに説明している。その翌々日、彼はよろこびにあふれて故国に向かい、結婚した。二人はすぐノルウェーにおもむき、そこで彼はわずか数日のうちに第一の論文を妻に口述した。ハネムーンは、論文の原稿を携えてのラザフォードのもとへの旅となった。この短期間における創造性の解放と、仕事のテンポの速さの背後には軽い躁的な高揚状態をよみとることができる。その秋、彼は故国にもどって、上記の構想に基づくボーア原子模型を完成、一九一三年に「量子力学三部作」として発表した。

この創造性の爆発は、なぜラザフォードとの出会いを契機に起こったのであろうか。おそらくラザフォードがこの青年の才能だけでなく、性格をも見抜き、彼をはげますすべを知っている人であったためであろう。ラザフォードはいつもボーアの話を忍耐づよく聞き、批判を加えつつ、全体としては受容と是認と支持を与えた。研究のある時期にはボーアのあせりをなだめ、「発表を急がないように」と休息をすすめたりした。これはまさに、かつて大学時代に父が果たしてくれた役割である。

ボーアの「量子力学三部作」は例によって簡潔さとはほど遠かった。ラザフォードが短縮をすすめる手紙をコペンハーゲンのボーアに送ったところ、ボーアは不安になり、ただちに海を越えてマンチェスターを訪れ、毎夕ラザフォードと会って討論を重ねた。そのあげくボーアはわずか二、三ヵ所の単語の修正に応じただけであった。議論が終わったとき、ラザフォードはボーアの肩をたたいて「君がこれほど頑固とは思わなかったよ」と笑った。論文は原文のまま、しかし長すぎるので三回に分けて『フィロソフィカル・トランスアクションズ』に掲載された。ラザフォードはこのときのことを「ボーアと簡潔さとの戦い」と呼んで、後々までの語り草にした。ボーアも後に「ラザフォードの忍耐は天使のように気高かった」と回想している。ここにもボーアの隠れた甘えの態度があるが、ラザフォードはトムソンのようにこれを拒否せず、さりとて甘やかさずに受容することのできる人であった。

ラザフォードはしかし、単にボーア個人に対してのみ受容的であったのではない。彼には受容的な〝空間〟をつくり出す能力があった。彼の研究室はおよそ象牙の塔とはほど遠いものであった。「ボーアは、そこで研究所とは全世界からの学者が一人の学者のまわりに集まり、その一人が全員をできるだけ進歩するようはげますところであり、最も自由な研究と議論の行なわれるところであると覚った。そこには友人と同僚との間の笑いと冗談と楽しみとがあった。」(ムーア) その中でボーアは、ひとりで仕事を進める際に現われる不全感や境界内停滞性から救われたのである。

結婚もまたこの時期の創造性の解放と関連が深い。ラザフォードが慈父だったとすれば、妻マルガレーテはボーアの母の面影を映す人であった。数学者の妹として学者の世界をよく知っていた彼女は、ボーアの仕事を助け、生涯、伴侶にして秘書役であった。彼女はボーアの原稿を浄書し、手紙を代筆し、ボーアを執筆の際の執着性格的苦渋から救った。彼女はついには物理学にかなりの理解を示すようにさえなった。

〝ボーア空間〟の創造

一九一六年、ボーアはマンチェスター大学の講師を辞し、三十一歳でコペンハーゲン大学の教授に就任した。故国は熱狂的に彼を迎え、翌年、彼を所長とする理論物理学研究所の建設が決定し、基金の募集が始まった。彼の新理論は次第に学界に浸透していった。また一九一七年以来、年をおかず三児が出生した。こうしてこの時期には世俗的成功と家庭的安定が同時に訪れたのであった。

しかしここにボーアを非常に迷わせる事態が起こった。それは一九一八年ラザフォード

ブライダム通りより研究所をのぞむ．破風のある中央の建物が理論物理学研究所本館，むかって左が弟のための数学研究所．

が彼に教授の地位を提供してマンチェスター に招いたことである。二年前にはそれは彼の渇望していた地位であった。しかし今それに応ずれば、彼のために基金を集めつつあるデンマーク国民への忘恩と背信をおかすことになる。決断のできない彼は、妻とともに弟のところへ走りこんで夜中まで話し合い、ようやく断わることに決めた。ラザフォードはあきらめず、彼をイギリスによんで説得を繰り返した。つらい謝絶の後帰国した彼を待っていた困難はインフレーションであった。彼は資金の補充に奔走し、また大幅に遅れた建設を督励すべく、毎日工事現場に出向いた。それが一九二一年に完成をみたとき、彼ははなはだしい疲労感のため半年間床につき、講義をすべて延期し、ソルヴェイ会議にさえ欠席した。医師が診察し、休養と旅行をすすめた。

しかし体調が回復してからは再び創造性が爆発する。彼は世界中から研究者を集め、いわゆるコペンハーゲン学派を形成し、量子力学の「英雄時代」(オッペンハイマー)に指導的役割を演じることとなった。もはやボーア個人の仕事がどれであるのかは問題ではない。「終始一貫、ボーアの深い、創造的、俊敏、批判的な精神が指導し、制約し、深化し、そして企画を最終的に変容させたとはいえ、それはさまざまな国の何十人もの科学者の共同作業であった。それは実験室内の忍耐づよい仕事、決定的な実験と大胆な行動、多くの誤った出発と多くの維持しがたい臆測の時期であった。それは熱心な通信と慌しい会議、論争、批判と輝かしい数学的創意の日々であった。」(オッペンハイマー)ボーアの創造性は、科学の〝プロデューサー能力〟において最大限に発揮されたのである。

この〝プロデューサー能力〟を支えたものはこのころから執着気質にかわって前景に出てきた循環気質である。これも同じく躁うつ病の素地である。執着気質も生涯にわたって残り、九回も校正をとって論文を一字一句吟味する習慣や、田舎に土地を買ったとき「一木一草も残らず利用しようとする」徹底性となって現われたが、仕事の面や対人関係ではあまり目立たず、かわって受容的、同調的な性格すなわち循環気質が支配的となる。これは相異なる気質や相異なる発想を受け容れ、人を長所によって判断し、励ますうえに欠くべからざるものであった。循環気質の現われとともに軽い躁状態が続き、それに支えられたユーモア、多方面への関心、戸外のスポーツやしろうと芝居、インディアンごっこなどがそこに集まる科学者たちに研究所を世にも居心地のよい世界にした。それは知的な、永遠の少年の世界ともいうべきものであった。ボーアの一家は研究所の最上階に住み、研究所の空間と一体化した。

躁うつ病者は、病相期を繰り返した後にしばしば人格的魅力が磨耗し、周囲の人々の離反や疎遠化をひき起こす。それはとりもなおさず庇護的空間が解体することであって、新たなうつ病相期を発病しやすくする。しかしボーアにはこの悪循環が起こらず、ボーアの人格は、人を魅惑する力をいつまでも失わなかった。

躁的気分はまたボーアの知的活動のテンポを高め、豊かな着想の源泉となった。ボーアは談話や講演の最中に重大な着想をえていることが多い。すこし後のことになるが、次のような目撃者の証言がある——「一九三五年の末、コペンハーゲンの研究所の集談会《コロキウム》で、ある論文が報告された。……ボーアが講演の途中で声をかけたので、わたしは、ちょっと、なぜ話の終りまで待たないのかと思った。それから話の途中でボーアが急病になったのではないかとびっくりした。……その数秒の間にボーアは、……核の中に何がどうして起こっているのかを本質的に理解し、そのうえ、核の構成と性質についての手がかり、およびその変換と崩壊の手がかりを得ていたのである」。きき手や話し相手の存在は、孤独で仕事を進める際に現われては彼を悩ます不全感やはてしない再点検から彼を救う力があった。この点では妻もすぐれた〝相手〟であった。つまり、ボーアの創り出した空間は、他の人々の創造性を解放させるだけではなく、ボーア自身の創造性解放にとっても、不可欠のものなのである。

この点と関連して、ボーアの思想の、本質的に〝対話的〟な特徴が注目される。彼の思考は、分裂病圏の人のように原理から出発して直観的に先を見通しながら思考を進めるのではなく、矛盾や逆理や意想外のものに遭遇することによってうながされ、予期しない展開をみる。「われわれはパラドックスにぶつかった。これで前進ができる」と彼は討論中に叫ぶのであった。論文の最終校正のときにインスピレーションが湧き、ようやく正しい解決を記しえたことさえあった。それはまた整合性や対象性を手がかりとする抽象的思考でなく、いきいきとした視覚的な比喩に支えられた思考であった。彼は数式をあまり使わなかった。ラザフォードも原子を「ミツバチの群がる花」と捉える視覚型の人であったが、ボーアも核転換を浅い皿に盛った玉突きの玉にみたて、さらにこれをリアルな絵に描かせて論文に掲載したり、その模型を作ったりした。いうまでもなくこの視覚性は循環気質特有のものである。

アインシュタインはこのような〝事実との対話〟を必要とせず、自己の理論が事実によって証明されることを急がなかった。アインシュタインにとっては、ニュートンと同じく、「関心はまず原理的なことにあり」、「研究のほとんどすべては構築的な着想により」、「探求と判断とは主として直観的に生じ、根拠はア・ポステリオリに(事後的に)認められる」(ゼーリッヒ)。重力の理論を発見したとき、学生は「先生の理論が証明されるのに次の日食まで八年もの間待たねばならないのは、さだめし苦痛でしょうね」と訊いた。アインシュタインの答えは「自分のいっていることが正しいかどうかは、それほど気にならない」というのであった(ゼーリッヒ)。彼はこのように、事実からの促しよりも内的な促しにいっそう依存してその〝独語的〟な知的活動を保ち、相対性理論の完成に続く四十年間を、もっぱらただ一人、あるいはわずかに一人の助手を相手に「統一場の理論」に捧げたが、これはついに完成されることなく終わった。死の三年前、一九五二年にアインシュタインはこういっている。「この理論に都合のよいのはその形式の完全性だけです。……数学的困難のために、まだそれを証明することはできません。」ボーアにとってはこのような見込みのうすい問題に取り組むことは理解できない徒労であった。しかしアインシュタインによれば真の大問題に取り組むことは「人類が百年に一人か二人生む」天才の使命であり、「永遠の相の下に」仕事をする者にとって、数十年の徒労も問題ではない。「私は繰り返し

繰り返し、既知の事実のうえに立って、構成的な努力によって真の法則を見いだすことの可能性について絶望した。より長く、より必死に考えれば考えるほど、一般的、形式的原理の発見のみがわれわれを確実な結果に導くであろうという結論に近づくのであった。」(『自伝』)ところがボーアはいつも物理学の伝統につながり、その発展の一翼をになうことを使命としていた。量子力学の建設にあたって、ボーアが「みちびきの糸」としたのは「対応原理」である。これは、量子物理学の法則はマクロの世界に相当する極限においては古典物理学の法則に帰着せねばならぬという要請であって、厳密にはなかなか満たすことが困難である。このような要請の重視は、出立のときもひそかに伝統への回帰を志向する躁うつ病圏の気質と一致したものであろう。

一九三二年を境に、物理学はディラックの理論、ジョリオ＝キュリー夫妻やアンダーソンらの実験によって原子の量子論から原子核の量子論に転換する。ボーアは依然多産的でありつづけるが、もはやこの分野の唯一の指導者ではなく、大御所の一人なのである。彼は研究所の最上階から引っ越して、デンマーク国民最高の名誉として提供される「名誉の家」に移る。この直後、彼は再び疲労感はなはだしく、仕事を休む。このころ、一家を乗せたヨットから長男が波にさらわれて死ぬという事件が起こった。彼はいっそう孤独を感じ、懐古にふける日々を送った。一九三四年には、コペンハーゲン大学教授となっていた弟のために自分の研究所の隣に数学研究所を建てさせた。旅行を多くするようになり、いささか陳腐な美術品を収集し、さまざまの名誉職をふくめ公的活動の比重が次第に増大する。彼はささやかな母国デンマークを愛し、デンマークと一体化した観があった。これらの点は、成功した循環気質者によくみられる、おだやかな俗人性である。しかし、論文の作成や建築の際には、執着気質的徹底性が相も変わらず持続した。大戦中は抵抗運動、ついで英米に渡って原子爆弾の完成に手を貸したが、その投下反対運動にも加わった。戦後はデンマークやCERN(ヨーロッパ原子力センター)の原子炉の建設に関与した。軽躁的上機嫌と、内的活動の豊かさが一九六二年の死に至るまで続くが、即物的な現代の科学者社会の中では多少場違いな存在と感じられたこともあったらしい。

病　気

ボーアは、一九一一年(二十六歳)、一九二一年(三十六歳)、一九三二年(四十七歳)とほぼ十年をおいて三回の活動性低下を経験している。とくに後の二回においては疲労感がはなはだしく、講義や講演の予定を繰り返し延ばし、人との交わりを避けている。症状、周期性、基本的性格の三点からみて、これらはおそらく真の内因性うつ病であろう。

興味深いのは、まず、発病がいずれの場合も〝引っ越し〟につづいて起こっている事実である。すなわち、一九一一年は留学、一九二一年は研究所の完成とその最上階への転居、一九三二年は「名誉の家」への転居である。転居を契機としてうつ病が起こることは臨床的に古くからよく知られているが、このことは発病状況との関連からうつ病を眺め直そうとする最近の研究によってその意義を再認識されつつある。とくにボーアの場合には、引っ越しにまつわる生活史的意味が明らかになっている好例であろう。つまり、転居はいずれも仕事の完成という〝荷おろし〟と、それにつづく社会的評価という新たな〝負荷〟という両義性をもっている。さらに住み慣れた空間からの出立が、一面、望ましい社会的地位の上昇の意味をもちながら、反面では古い空間にうしろ髪を引かれるという両義性ももっている。そして新しい空間(ラザフォードの研究室)に受容される(一九一二年)か、新しく空間(理論物理学研究所)を創造する(一九二一年)か、あるいは補強(弟の研究所を隣に建設)する(一九三四年)ことによって、うつ病からの回復と新たな創造性の発現が起こっている。

一般にうつ病者にとっては、空間の移動が彼の存在をゆるがす〝根こそぎ〟的事態となる。逆に空間に受容され、それと一体化することによって、うつ病からの回復が起こる。うつ病者の空間依存性はすでに指摘されているとおりである(シュルテ)が、ボーアの場合はまさに典型例といえよう。しかしそこで留まることなく、空間をめぐる人間学的な考察をさらに展開することも可能であろう。

その緒は、ボーアにおける空間がいわば〝父的空間〟という意味をもっている事実である。すでに述べたとおり、彼は弟と二人で父の書斎の空間に包まれて育った。ヘフディング教授を囲む「エクリプティカ」の世界もその分枝である。彼にとって留学は何よりもまずこのような父の空間からの出立を迫られることであった。第一回のうつ病はそれにつづいて起こっている。そこからの脱出は〝ラザフォード空間〟に受容されることによって成しとげられる。ボーアにとってラザフォードが慈父の意味をもつこと、そしてラザフォードの研究室自体、父の書斎の世界の再現という構造をもつことは注目すべき点である。ついで一九一八年、彼はラザフォードの共同研究者として英国に永住するか、それとも国民的期待に従ってデンマークに留まるかの選択に大きな迷いをみせるが、それは父的な空間(ラザフォード空間)に永遠に子として受容されるか、それとも子のままでいることを断念し、かねてよりの父の期待に応えて故国の教授となり、いわば父となるかという二者択一を迫られる危機的状況であり、これが第二回のうつ病をひき起こす機縁ともなったのではないだろうか。

うつ病から脱出した彼がコペンハーゲンの彼の研究所においてつくりあげた雰囲気が、まさにこの〝慈父〟ラザフォードの研究室の再現であったことは興味深い。すなわちこの空間創造こそ、父の書斎の世界を原型とし、ラザフォード空間を媒介として、父の世界を

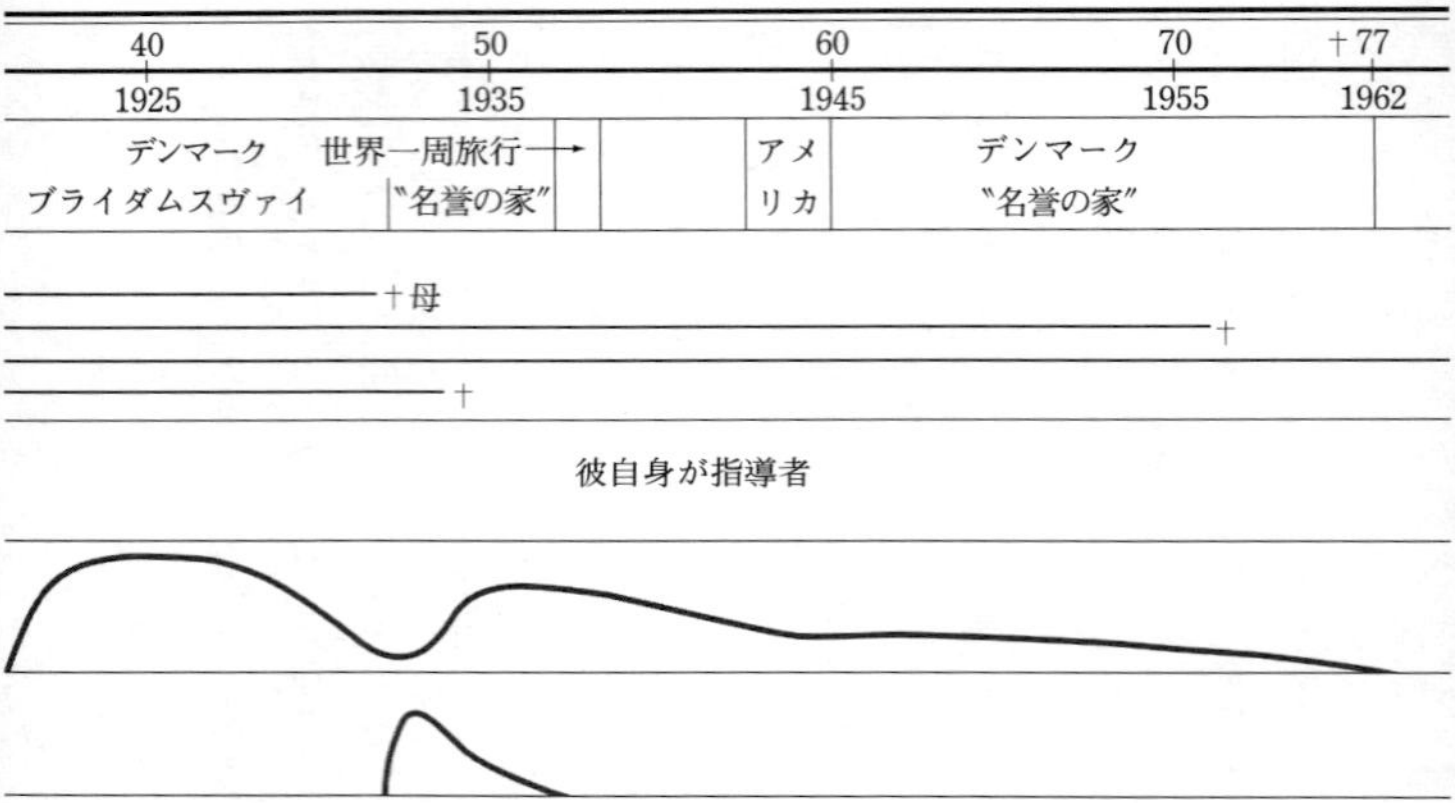

超えつつ父の世界に立ち帰ることであり、それこそ最も完全な意味における父の世界の継承である。そこは、彼が、彼自身も卓越した人でありつつ、〝子〟に対しては受容的な〝父〟として、すぐれた〝子たち〟に囲まれ、父と子の対立を止揚して集う永遠の少年の世界であった。この〝ボーア的空間〟の中では、深遠な討論と、哄笑をさそうパロディー劇「ブライダムスヴァイ・ファウスト」(ブライダムスヴァイは研究所の面している通りの名)と、早撃ちをきそう西部劇ごっこが等価なのである。『ファウスト』劇の中で彼は〝主《しゅ》〟の役を演じさせられるのが常であった。ところが〝主〟であるはずのボーアが研究所の誰よりも少年的であった。彼は所員たちと散歩しながら

表4　ボーアの生涯

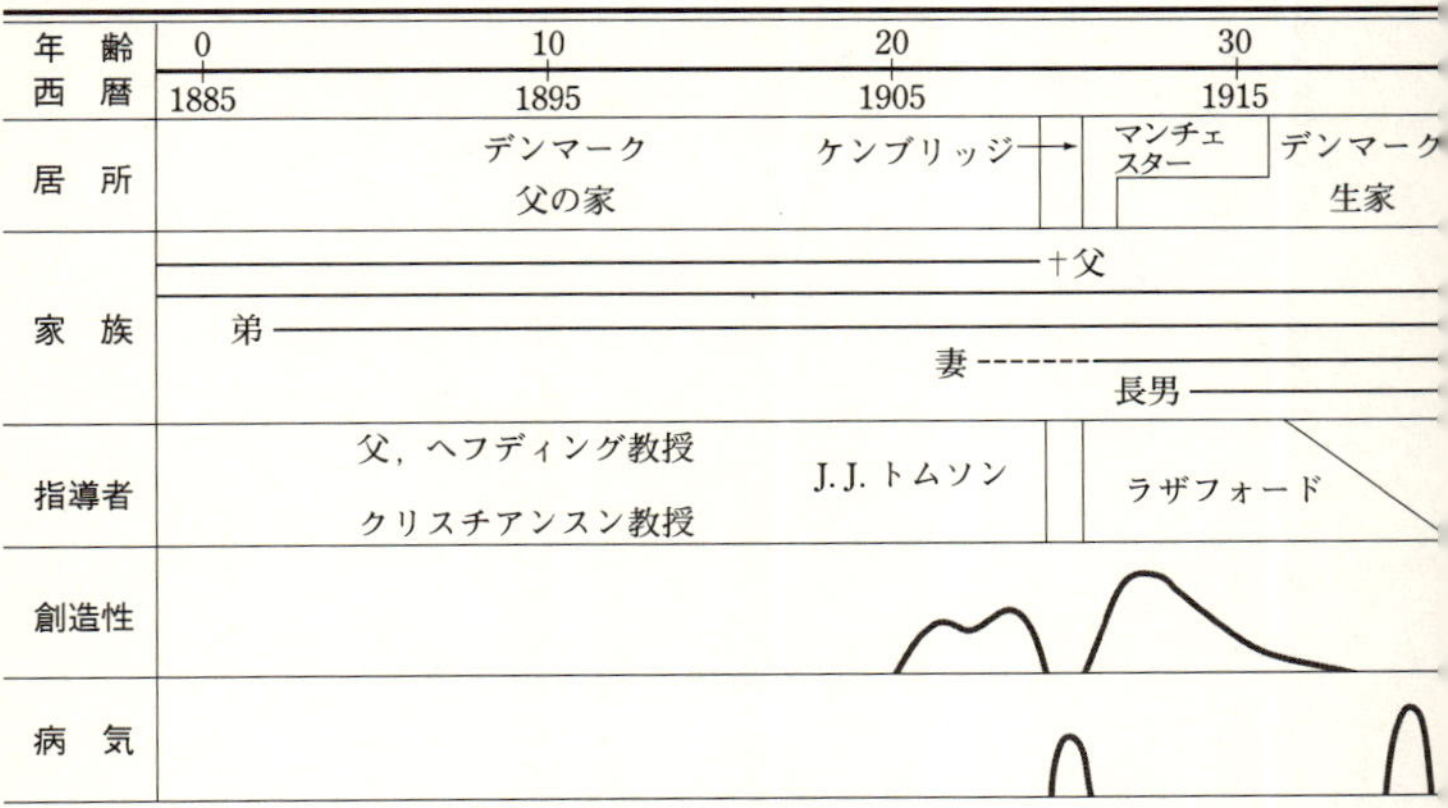

物理学の議論を休めては石投げに興じた。彼は信じられないほど遠くの電柱や家の窓に石を命中させるのだった。彼の創造した空間との一体化に誰よりも深く依存していたのは彼自身である。はたしてこの場からの引退が第三回のうつ病の引金を引くこととなる。

彼は現実にも父の後継者であることを誇りにしていた。たとえば彼は「光と生命」(一九三二年)という講演を父に捧げ、その中で、相補性原理を生命に適用してみるならば、機能を認識しようとすると構造が犠牲になる事実(また逆も真である)となり、それははるか昔の生理学教授であった父の「機能と構造との相関についての主張」と照応するものである、と、いささか強引に強調しているのである。

これに反して母は伝記にあまり顔を出さない。そもそも父の教え子であった母は、父の影におおわれ、いわばその一部分であって、少年時代のボーアが好んで休暇を過ごした母方の別荘のように、そのもとで休息することができるとはいえ、ボーアにとっては従属的なものにすぎなかった。

ボーアの親密な心理的関係は生涯を通じて同性に向けられていた。父も、生涯を通じての友となった「エクリプティカ」の集いも、ラザフォードも、コペンハーゲンの世界もそうであった。妻との関係は「生涯にわたってゆれ動くことのない、牧歌的といってよいような、美しい愛」(ムーア)であったが、半ば秘書、半ば親友といった趣があり、彼の家庭は開放的で、研究所の雰囲気と一体であった。男性間の友情のヴァリエーションともいえる結びつきである。何よりもまず彼女は親友の妹であり、「エクリプティカ」の友情の永遠化の試みとみられることはすでに述べた。友情は、うつ病素質者の最もよく理解しうる対人関係なのである。

この同性との親密な友情の原型であり頂点にあるものは、弟との強い結びつきである。二人は双生児のように互いに鏡像の関係にあり、この鏡像を媒介として相互の自我確立が達成されていった。この共生関係は、要求の高い家庭の中で幼児のおちいる自己不確実感から相互の自我を守るうえに必要なものであった。同時に二人は互いに父の世界の中での競争相手つまり〝相続争い〟の対象であった。しかしボーアが父の役割を引き受け、父の世界を相続して、みずからを中心とする空間を創造した後は、初めは彼の方が依存的であった弟との関係にも逆転が生じ、弟のために数学研究所を建てさせるなど、いわばみずからの空間に弟を迎え入れるという形で二人の間に最終的〝和解〟が成立することとなる。そしてニールス自身、このことによって最終的にうつ病から回復したのではないだろうか。ボーアの晩年、彼の住む「名誉の家」の居間で最も目につくのは壁にかけられた父の肖像であったという。

参照文献

A. Petersen : *The Philosophy of Niels Bohr 1885–1962*, Bulletin of the Atomic Scientists, No. 9, p. 8-14, 1964.

R. Moore : *Niels Bohr*, Alfred A. Knopf, New York, 1966.(抄訳『ニールス・ボーア』藤岡由夫訳、河出書房新社、一九六八年)

H. Tellenbach : *Melancholie, Zur Problemgeschichte, Typologie, Pathogenese und Klinik*, Springer, Berlin, 1961.

N・ボーア「金属電子論の研究」(『金属電子論』物理学古典論文叢書一一)、西尾成子訳、東海大学

出版会、一九七〇年
W・ハイゼンベルク『現代物理学の思想』河野伊三郎・富山小太郎訳、みすず書房、一九五九年
D・ボーム『量子論』高林武彦他訳、みすず書房、一九六四年
C・ゼーリッヒ『アインシュタインの生涯』広重徹訳、東京図書、一九六六年
G・ガモフ『量子論物語』中村誠太郎訳、河出書房新社、一九六七年
片山泰久『量子力学の世界』講談社、一九六七年
E・N・ダ・C・アンドレード『ラザフォード』三輪光雄訳、河出書房新社、一九六七年
楊振寧『素粒子の発見』林一訳、みすず書房、一九六八年
W・ハイゼンベルク他『ボーアと量子論』中川毅訳、東京図書、一九六九年
N・ボーア他『アインシュタインとの論争』林一訳、東京図書、一九六九年
S・ローゼンタール編『ニールス・ボーア』豊田利幸訳、岩波書店、一九七〇年
B・ホフマン『量子論の生いたち』藤本陽一訳、河出書房新社、一九七〇年
B・Γ・クズネツォフ『アインシュタイン』上・下、益子正教他訳、合同出版、一九七〇年
C・P・スノー『人間この多様なるもの』梅田敏郎・井上日雄訳、紀伊國屋書店、一九七〇年
湯川秀樹・井上健編『現代の科学Ⅱ』(「世界の名著」第六六巻)、中央公論社、一九七〇年
飯田真「住いの変化とうつ病」(『精神医学』第一〇巻第五号)、医学書院、一九六八年
笠原嘉「精神医学における人間学の方法」(『精神医学』第一〇巻第一号)、医学書院、一九六八年

ノーバート・ウィーナー

Norbert Wiener
1894-1964

者である。

ウィーナーの個性と学問の性格

ノーバート・ウィーナーはサイバネティックスの創始者として知られるアメリカの数学者である。

彼は父から天才児教育をうけ、若年にして、一般調和解析、ブラウン運動論、濾波の理論などによってまず数学の専門家として自己を確立した。ついで電子計算機の草創期にその数学的理論面の開拓者となり、それをふまえて第二次大戦後の思想的状況のなかで確率論、情報理論に基づく自己制御系の一般理論を提唱し、これをサイバネティックスと名づけた。それは今日、元来の適用領域である数理物理学、通信工学、医学、生物学にとどまらず、社会科学や哲学にも、社会体制のいかんをこえて深刻な影響を与えている。むしろソヴィエトの方がサイバネティックスを重視していたとさえいいうる。

もともと彼には自己抑制の利いた職業数学者の背後に、予言者的な総合的思想家が潜んでいた。晩年に至って父からの精神的自立を達成した後に、それまで抑圧されていた後者の面が前景に出て、人類の未来に対する警告的な予言者となった。

しかし彼はすでに出発点からいささか例外的な数学者であった。彼は、他の多くの数学者を数学にひきつける、数学の自己完結的な性格には魅力を感じなかった。かえって「数学の最高の使命は無秩序の中に秩序を発見することにある」と彼は考えた。彼には、無限に豊かなのは現実で、数学の力は限られたものであると感じる傾向があった。ランダムな過程に数学的構造を与えようとする初期のブラウン運動の理論から、複雑で予想しがたい現象に対する「準精密科学」の一般理論としてのサイバネティックスにいたる彼の学問的履歴を貫くものは、この感じ方なのである。

鎮目恭夫のいうごとく(『機械と人間との共生』)、数学者フォン・ノイマンと彼との比較はたしかに興味がある。時代と活動領域を同じくするこの二人は、万能学者だった点でも、しばしば知力を買われて政府のお雇い学者になった点でも共通であり、レオナルド・ダ・ヴィンチのようなルネッサンス知識人と相通ずる存在であった。二人はともに純粋数学から出発して、ともに量子力学の数学的基礎を論じ、オートメーションや電算機の原理に取り組み、晩年にはそれぞれサイバネティックスとゲームの理論という現実に対処する数学的方法の理論を建設している。ところが、数学と現実とに関する二人の感じ方は全く違っている。

フォン・ノイマンはハンガリーの貴族出身で、計算の超能力をもっていた。最初のコンピュータを完成したとき、彼は「これで世界で二番目に計算の速い奴ができた」といったという。数学の絶対化を志向した彼は、卓越した知性の前にはすべてが許されるという〝良心の彼岸〟の存在であり、「悪魔が間違って人間の姿をとって現われた」という無気味な感じを周囲の人に与えた。核兵器に反対したウィーナーと違い、ノイマンは戦後アメリカの原子力委員長となり、核開発の先頭に立った。強い分裂病質の人で、世評を意に介せず、唯我論的極北に閉じこもっていた人ではなかろうか。その彼がポーカー遊びだけは弱く、それを補うためにゲームの理論をあみ出したというのは面白い。この理論は、相手がこちらと同程度に賢明な手を打ってくると予想し、対応策を算出するものである。ここに、他人の動きに対する心理的洞察の欠如を補うために外部に対してすきのない重武装を行なう分裂病質者の態度をみることができよう。

ウィーナーはゲームの理論を批判して、そのような仮定の下では大変ぐずぐずした試合になる、たとえば、もしナポレオンが敵の将軍を自分と同程度に賢明であると仮定したならば、かずかずの大胆な戦略を考えつくことはできなかったろうといっている。ゲームの理論のカギ概念である「ミニマックス」が完璧な知力をもった抽象的存在を相手として一手ごとに計算的妥協を完結させるという先験的方法であるとすれば、サイバネティックスでいう「フィードバック」は現実の相手を油断なく観察し、逐次的に相手の行動のデータを織り込んで自分の行動を決定してゆく経験的方法である。ノイマンが(量子力学の)数学的構造の中に抽象的な〝自我〟を持ち込んだのに対して、ウィーナーの関心がいつも具体的な〝脳〟の活動に向けられていたことも、これに対応するだろう。

ウィーナーが循環気質の人であることはほぼ明らかである。事実、彼は論弁的な思考の人でなく、パターン的相似性こそ彼の発見的方法であった。それを手がかりにして彼はかけ離れたものの間の数学的相似性、相同性を発見するのであった。彼は『ランダム理論における非線型問題』(一九五八年)の中で木星の衛星の運動と脳波との数学的類似性を指摘している。彼によれば「学問とは進行してゆく過程として捉えるべきであって、自己の全人格と経験の力によって、学習した個々の事柄を連絡させたり、再結合させたりして、彼の頭の中にあるすべての考えを一つの相互関係――おのおののアイディアが他のアイディアへの補足的説明となるような相互関係へもち来たす技術」である。彼は広い領域に興味を示し、着想が豊かで、またそれを人に理解させようと努め、惜しみなく分け与えた。彼の現実の豊かさへの感受性は、この循環気質と無関係ではないだろう。ノイマンとは反対に、計算をよく間違え、著書の数学記号には誤記や脱落が多い。相手に対して心理的洞察を行ない、それに応じて態度をかえた。逆に心理的板ばさみになると、よく〝神経衰弱〟になった。

しかし彼はボーアと違って、苦渋な執着性格を発展させず、またはっきりした躁うつ病的特徴を示すにいたっていない。これは、ウィーナーの両親との対象関係が実に壮年にいたるまで緊密すぎるほど緊密であったことにもよるものであろう。しかしこの緊密な対象関係は強い葛藤をはらむものであった。また天才児特有の自己不確実性、自己決定の困難性があった。さらに天才児でユダヤ人という二重の〝境界人〟的存在状況の中で苦しんだ。かくて彼の人格は早くから強い神経症的両義構造をもつにいたった。とくに束縛的な父からの自立志向が自己の内に潜む父への攻撃衝動を自覚させ、この衝動への恐怖をひき起こした。それが父に見捨てられる恐れと表裏一体となり、さらに〝境界人〟のゆえの庇護的空間欠如と相まって、彼の中には幼時より〝アノミー（混沌、無秩序）〟の中に放り出されることへの強い恐怖が存在したのである。

彼の場合、現実への豊かで広い感受性という循環気質的な性格特徴が、神経症的人格構造に由来するアノミーへの恐怖とからみ合って一つの複合体となり、生涯を貫く一本の太い糸となっている。いいかえれば、彼にとって現実の豊かさと混沌は紙一重で、好調のときには現実は喜びと活動の豊かな源泉となり、不調のときや挫折のときには現実は混沌、無秩序と化して恐怖をひき起こし、足をすくませた。とくに幼時にはそれが死の恐怖や罪悪感、父への烈しい両義的態度などの否定面となって現われた。この恐怖に対して、分裂病圏の人のように世界からの全面的撤退ではなく、世界を知的に認識しようと反応したところに彼の神経症的人格特徴をみることができる。文学の世界にたとえれば、詩の絶対化あるいは純粋詩を志向するマラルメやヴァレリイではなく、束の間の印象や捉えにくい感動の言語的定着を目指すプルーストが彼に近い。風にゆれる一むれのサンザシの花の印象を表現しえたときのプルーストの歓喜は、ウィーナーがブラウン運動の数学的表現を得たときの喜びと同質である。まさに現実世界の豊かさと無秩序性の認識が自己の学問への啓示的自覚、すなわち統計的世界観の確立をうながし、彼の学問的展開の導きの糸となった。〝数学すること〟が同時に彼の自己治療の道具となったのである。

神童ウィーナー

ウィーナーの父は東欧系ユダヤ人である。彼は医学部、工科大学を次々に中退し、トルストイ主義に基づくユートピアを建設しようとアメリカに渡ったが、たちまち挫折し、最底辺の移民に身をおとして合衆国南部を彷徨した。たまたま語学教師となった彼は、たちまち天賦の才を発揮して、ハイスクール教師、ついで地方大学の教授となり、ウィーナーが二歳のときハーバード大学に招かれ、講師、助教授を経て、言語学教授となった。そして一九三〇年に引退するまで、三十四年間ハーバード大学に留まった。

この自成《セルフ・メイド・マン》の人は精力的な活動家で、トルストイ全集を独力で翻訳している。短気で感情の発露が激しく、強い自尊心の持主で、他人とよく衝突し、独創的だが独断に走るところがあった。ウィーナーは後年「父は数学者になっていたらよかったのに。数学では誤謬はただちに発見されるから」という皮肉を記している。

この父が最も精力を傾けたのは、長男ウィーナーの英才教育であった。三歳のころから父は厳格な規律の下に主として数学と語学をウィーナーに叩きこんだ。教授法は容赦なく、体罰こそ加えなかったが、ことばの鞭はそれ以上に苛酷であった。天才児でありながらウィーナーはうぬぼれるどころか激しい劣等感にさいなまれたが、勉強の進展はめざましく、神童としてニューイングランドの学者社会で有名になり、好奇の視線をあびながら育った。父は自分の方法や成果をジャーナリズムに発表したり、心理学者を招いて研究させたりした。父は、ウィーナー自身はもともと平凡な人間で、全く父の教授法によって天才児となったのだと主張した。このことはラッセルにあてた息子ウィーナーの紹介状の中で明言されている(『ラッセル自叙伝』第一巻)。父は自分の威信を高めるためにウィーナーを手段として利用したのである。

もっとも、この早教育は、後にウィーナー自身が語るように、ユダヤ人の宿命と切り離せないであろう。疎外的、抑圧的な差別を行なう社会に自己を定着させようとする少数者は、支配的多数者に対し相手の攻撃を誘発するような行動を避け、さらには相手の攻撃衝動を解消させるような信号を送り、自己が害意のない存在であることを示しながら、自己疎外状態の解消を図ろうとする。研究分野が競合したとき、ウィーナーはほとんどいつでもおりている。バーナハ空間、量子力学などにおける重要な発見を彼は中途で放棄しているのである。彼が長期にわたって追いつ追われつの競争を行なったのは、ソヴィエトの学者を相手としてである。ソヴィエトの学者との競争は西欧の学者との競争とちがって、競争相手の地位を脅かさず、したがってその反動として相手の敵意をこうむらないからである。ウィーナーの〝神童ぶり〟も、相手の攻撃衝動に対する〝なだめ〟としての働きをしたのかもしれない。あまりにかけはなれた〝神童〟に対しては、互角の相手ほど敵愾心は湧かないものである。

　ウィーナーはきびしい父に抗しえず、表面的には従順であった。しかし内面では「奔放な好奇心が、……規律のある教育を与えねばならぬという父の主張とはり合っていた。……私は古代語、近代語、数学など父の手ほどきしてくれる科目にある種の興味を覚えていたが、気まぐれな興味は精密な整頓された知識をという父の要求をみたすことができなかった」。「私が学者になったのは、一部は父の意志にもよるが、それに劣らず私の内なる運命によるものであった。幼いころから私は周囲の世界に興味をもち、その本質に非常な好奇心を抱いていた。四歳までに読むことを覚えてしまい、……七歳になったころにはダーウィンやキングズリの博物誌からシャルコーやジャネその他のサルペトリエール派の精神医学書にいたるまでを読破していた……。」またウィーナーは生涯に二回以上もエンサイクロペディア・ブリタニカを通読したといわれている。しかし彼は単なる博識家ではなく、内発的な批判力、総合力をもっていた。

このような内発性こそ、多くの神童から彼を区別するものである。多くの神童は思春期以後、心的不調和からヒステリー状態となり、没落してゆく。しかしウィーナーは生き残った。それはまさにこの内発性の賜物である。しかしまたこの内発性のゆえに父との「指導と信従」の関係は次第に葛藤をはらみ、彼はしばしば内心では父の方が正しいと感じつつ、父と激しくいい争った。その激しさに母はおろおろした。

知性の芽ばえが究極的に一つの「奇蹟」であることは、ウィーナー自身のいうとおりであろう。しかし周囲の敵意や環境の心理的緊張の高さは一般に早く自他を区別させ、早熟な自己意識の発生をうながすものである。知的早熟児が、英米でいえばユニテリアン、長老教会などの宗教的少数派、ユダヤ人などの少数民族、あるいは家族内緊張の高い家庭に生じがちなのはこのためではないだろうか。また逆に、早い自意識は周囲の緊張関係を過敏に感受するだろう。これは一つの悪循環である。そして家庭内の緊張の高さと己れの無力さを自覚した子供は、あるいは自分が誰に対しても害意のないことを証明するために、あるいは大人の世界の葛藤から逃れる避難の場所として、あるいは知的早熟によって一種の疑似的な「大人の世界の市民権」を獲得し、それをかざして大人の世界の葛藤の解決者、あるいは一方の戦士となるために、あえて「神童となる道」を選ぶのではないだろうか。神童は決して「なんとなく」そうなるものではないのである。

ウィーナーが〝神童であること〟を選んだのがそのいずれであるのかは、にわかに決定しがたい。ウィーナーの家庭の緊張度がどの程度のものであったか、自伝からは十分に察することができない。しかし、父が流れ者で、菜食主義などの一家言をもった独特の人物であるのに反し、母は南部の上流社会に馴化した百貨店主の娘で、ユダヤ人でありながらユダヤ人に生理的嫌悪を抱いていた。ウィーナーによれば、彼女は「南部風の礼儀を身につけた控え目な美貌の人」であり、ウィーナーを溺愛した。彼女は夫に従って実家と疎遠になり理解しがたい独裁的な夫に黙従していた。「父の冷たさや苛酷さは頭に残っていないが、男性の低い音調の声そのものが私をこわがらせた。幼い子供にとって親というものは気づかいと優しさにあふれた母のことであった。」ウィーナーは知的交流を父と、感情的交流を母と密接に保つことによって、直接の心理的交流のむずかしい、文化的に懸隔した父と母を媒介する役割を演じていたのではないだろうか。そして他方では、この母との濃密な対象関係に支えられて、父との葛藤的な対象関係を維持し、他人の好奇の目にさらされることによって失われた庇護感を回復しえたのではないだろうか。

彼は知的早熟の利点を犠牲にしてまで、繰り返し自立への道を求めている。十一歳で早くもハイスクールの課程を終え、タフツ大学へ入学した彼が選んだのは意外にも数学ではなく生物学であり、その理由として彼は「父よりもこの分野では自分がすぐれているから」といっている。生物学は彼の自学自習であった。理由なき反抗からかわって次第に知的レベルの競争相手として父を意識するようになったのである。しかし強度の近視で不器用だった彼は生物の実験や観察が苦手であった。最終学年になってついに専攻を変え、卒業論文を数学で作製している。これは早きに過ぎる自立の試みの挫折であり、十四歳の彼はうつ的となり、あと何年生きられるかなどと夭折の恐怖を抱いたり、子供に戻りたいとしきりに願ったりしている。未来閉塞感と退行の願望がこの時期の彼を支配した。

そもそも神童であることは精神発達の諸段階をそれぞれにふさわしい形で通過してゆかないということである。「半ズボンの大学生」ウィーナーは昼間は十歳近くも年長の同級生と議論し、放課後は同年輩の子供と遊んだ。彼は大人の世界にも所属しえず、子供の世界にも所属しえないという〝境界人〟体験の中にごく早期から投入された。しかしその代償として〝境界人〟は双方の世界を同時に展望する視点を獲得する。後年の彼は「学問と学問との間の無人の中間領域こそ、豊かな開拓の可能性を秘めた領域である」ことを知るのである。すでに幼い〝境界人〟は大人の目で子供の世界を、子供の目で大人の世界を見て、通常人には被われている視角をものにすることができる。幼いウィーナーがとくに好んだ童話は、たえまなく知的な視点変換を強いる『不思議の国のアリス』であった。有名な数学者の筆になるこの童話の中では、何ものもみかけどおりではない。「アリスの変態を子供心にとても恐ろしく感じ」ながら彼はこの物語に魅せられた。後年の彼が単一領域の専門家には見えない視角から対象をとらえることに卓越した能力を示したのは、境界人体験に由来するものであろう。

しかし早熟児はまずその否定面に直面し、それを耐えとおさなければならない。それは幼少年にとって生やさしいことでない。「早熟児は不安におびえ、自己を過小評価しているものである。……子供は周囲の世界の評価を信じるから、革命家ではなく、全く保守主義者となっている。……自分の住む世界のすべてを握っている大人たち皆は賢者であり善人であると信じたいのである。しかるに事実がそれに反する場合、彼は孤独を欲するようになり、今や信頼できぬものとなった社会に対して自己自身の判断をしなくてはならないと思うようになる。」しかも彼は神童たちの難破の姿を幾度も見て戦慄している。ウィーナーが一生を通じて一種の大人子供 child-adult であったのは、幾分は循環気質者としての特徴とみられ、幾分かは処世術であったかもしれないが、主として不均衡な知的発達と

〝境界人〟的孤立性のもたらす人格成熟抑止の結果とみることができる。ボーアと異なり、彼は少年期の濃密な友情を知らなかった。後年になって、さまざまな人との共同研究を次々に行なう時も、その中の中心人物になることは意識的に避けたようである。一つの研究所を主宰するといった空間創造は行なわず、一つの空間への永続的定着もなかった。一九一九年以来半世紀近くMIT（マサチューセッツ工科大学）につとめたが、創造的時期は留学や外国旅行、共同研究のための出張のときに多い。

彼が就職したころのMITは単なる技術者養成学校であった。それが今日みるような自然科学、人文科学にまたがる知的創造性の一種のセンターとなったのは、ウィーナーなどのすぐれた教授陣に負うところが大きい。しかしそれは理事者の構想に基づくもので、ウィーナー自身はサラリーマン学者であったといってよい。彼は一つの空間を支配するよりもむしろ受動的に庇護されることを好んだ。彼はMITに就職したときを回想して「安全な港に投錨した感じ」と語っている。

彼は劣等感が強く、しばしば自分を一種の奇形児と考え、自分の人格的魅力には自信がなかった。彼は数学の利点の一つに「数学ではその人の最善の瞬間だけがものをいう」ことをあげている。最も弱い点から評価されれば自分は無にひとしいというこの考えは、父のたえざる叱責による心理的な傷に由来しているだろう。彼は自分のまわりに人をひきつける力をみずからみとめていなかった。

彼の対象関係は、まず母であり、ついで二人の妹や従妹などの少女たちであった。知的早熟と体力の劣悪さ、不器用さなどは、ウィーナーを男性との友情から遠ざけたが、女性はそれに妨げられずに彼に接近することができた。男性にとっては反発と蔑視の対象でしかないものが女性の庇護欲をそそるのであろう。二人の妹は、ウィーナー自身も讃美するように、「美貌と才能」にめぐまれ、独身時代は恋人のようであった。ウィーナーは婚約者をさしおいて妹と欧州旅行を共にしたりする。結婚後も兄妹は終生親密な友人であった。これに反し十一歳年下の弟に対しては自伝の筆致も冷やかで短い。女性に囲まれて育ったために、彼の弱さはそのまま保存された。彼は喧嘩のできない子供で、「激しい感動をうけると、恐怖のためにこわばって口もきけぬようになってしまい、なぐられるにまかせるより仕方がなくなってしまう。……私は弱ると発作的に気力がなくなるのが常であった」。情動に対する彼の耐性の低さをみるべきだろう。とくに彼は自己の内部の攻撃衝動を恐れた。大学生の彼が生物学を放棄したのは、直接には実験に失敗して猫を殺し、教授に「君は生体解剖をした」と強く非難されたことによっている。彼は自己の内部に残酷なものが潜んでいることに気づき、この事件を早く忘れようとして、かえって不安を強めたのである。

父を離れては何もできないという無力感、父に見放されることへの恐怖にもかかわらず、彼はハーバード大学の大学院に入るにあたって、再び父の反対を押し切り、動物学専攻を選ぶ。しかし再度の自立の試みも不器用さのために挫折し、彼はまたもや数学に戻る。彼は、論理数学の論文でハーバード大学から哲学博士の学位をえた。この直後、彼に関する詳細な研究が「早熟児」と題して彼の母校タフツ大学のある教授の娘により『教育セミナー』誌に掲載された。この論文は彼の級友たちの見解をも集成してあり、彼は級友たちの目に映った自分の姿が「鼻もちならぬ粗野な邪魔者」であることを思い知らされた。「ようやく自分の問題の解決に近づいていると思ったのに、振り出しに突き戻された」と彼は感じる。父は筆者を告訴するが訴訟は成立しなかった。傷心の彼は大学の奨学資金を獲得してアメリカを去り、ケンブリッジ大学、ついでゲッチンゲン大学に留学する(一九一三—一五年)。ケンブリッジでは『プリンキピア・マテマティカ』を完成した直後のラッセルに論理数学、量子力学を、ハーディに数理解析、とくにルベーグ積分を、ゲッチンゲンのヒルベルトに物理数学を学んだ。当時の数学界の最高峰に学んだこれらの数学分野が、後年のサイバネティックスに総合される運命にあることは容易に理解されよう。一例を挙げれば、電算機は論理数学の物質化という側面をもっている(森毅)のである。

一方ウィーナーは、ラッセルらの志向する数学の絶対化、数学を完全な論理的基礎の上におこうとする試みには、当時から懐疑的であった。「新しい結論をつくり出すため組みたてられた仮説をも含めて、論理体系のすべての仮説をあますところなく述べる試みは不完全にならざるをえない……。完全な論理を編み出そうとする試みは、本質的に人間的な問題処理の習慣にたよらなければならない。」ウィーナーは、この発想をゲーデルの「不完全定理」の先駆だと称している。

チャールズ河の川波

第一次大戦の勃発によってやむなくドイツを去った彼は、ケンブリッジに戻る。彼は戦時下のイギリスが反対党、とくにラッセルのような反戦運動家にも国家機密を知らせて判断をもとめることを知って感銘をうけた。しかし大戦下のイギリスの大学は知的活発さを失っていた。一九一五年、父に呼び戻されて帰国した二十歳の彼はコロンビア大学に入るが、ヨーロッパの数学界を見た目には故国の数学はみすぼらしいものであった。いつも高い要求水準に応えるべく熱中してきた彼は、にわかに熱意を失い、ブリッジや映画見物にふけり、張りのない生活を送った。このような自棄的な反応は、自己に対して厳しい執着性格的な面が欠如していることを示唆する。しかしそれはまた数学者としての早熟な才能にもかかわらず、彼がいまだに真の自己決定を達成していない証左でもあるだろう。

一九一五年から一六年にかけて、ハーバードに招かれてホワイトヘッドに準拠しつつ数学の論理的構成について講義した彼は、アメリカ数学界の大御所であるハーバードの教授バーコフに激しく反論された。以後長く続くバーコフとの確執において、ウィーナーはバーコフの反ユダヤ主義を引き合いに出し、被害者意識をもっているが、実際にはウィーナーの先走った高慢な態度と、バーコフに対する父の息子自慢が大きく祟っているのである。そもそも数学基礎論はウィーナーに気質的に適合していない主題である。たしかにウィーナーの講義には勇み足といえる箇所があったらしい。

ウィーナーはハーバードを去るが、他でもこれまでの経歴を認められず、就職斡旋機関によってかろうじてメイン大学に就職する。しかし自尊心を傷つけられた彼はすぐ辞職し、ジェネラル・モーターズの工場で働いたり、店員や計算士をしたり、エンサイクロペディア・アメリカーナの下請け執筆者になるなど職を転々とする。ついで、陸軍軍属となり、射撃試験場で射程表をつくる。後に軍籍に編入されるが、大戦終了とともに除隊し、失業の身となった。彼は警官ストの際にスト破りの代用警官に雇われて屈辱的な体験をした。一時ボストンの新聞社につとめた後、父の友人の紹介で、当時は技術者養成学校にすぎなかったMITの数学教室に入った。この浮浪者的知識人としての彷徨は彼の生涯の中で最も危機的なものであった。これは彼にとってニューイングランドの学者社会の外へ出て、世間並みの辛酸をなめた唯一の時期であった。そこで彼は天才児という評判に甘えていられるどころか、社会的にはそれが決定的に不利であることを悟った。兵営の生活は彼にはとくにつらいものであった。後年のサイバネティックスを動機づけるものの一つである「肉体労働は人間の頭脳の可能性にとって一つの屈辱であり、オートメーションは人間を奴隷労働から解放するものである」というテーゼは、この時期に胚胎したのではなかろうか。

しょせんは学習の天才にすぎない天才児から、創造的な科学者への転換は決してなだらかな道ではない。それはダーウィンのように自己決定の猶予期間が長かった晩熟の科学者よりもいっそう困難である。「私は自分が何者であり、何を目指しているかを十分に知るほど社会的に成熟しないうちに、いささか特殊な面から学者生活に入った……」彼は早熟な能力にまかせて数学の最尖端を渉猟してきた。しかし修業時代が決定的に終わった今、自分の内面と深く結びついた仕事をまだ発見していないこと、つまり真の自己決定をなしえていないことはあまりにも明らかとなった。

一九一九年のある日、彼はＭＩＴの研究室からチャールズ河の川面を見下ろしていた。「波はあるときは高くうねって泡のまだらをのせ、またあるときはほとんど目に見えぬさざ波となる。ときどき、波の波長はインチで測る程度になったかと思うと、また幾ヤードにも高まるのであった。」彼は「いったいどういうことばを使ったら、手におえない複雑さにおちいらずに、これらのはっきり目に見える事実を描き出すことができるだろうか」と自問した。答えは即座にうまれた。「波の問題は明らかに平均と統計の問題であり、この意味でそれは、当時私が勉強していたルベーグ積分と密接に関連していた。こうして私は自分がもとめている数学の道具は自然を記述するのに適した道具であることを悟り、私は自然そのものの中に自己の数学研究のことばと問題を探さねばならないのだということを知るようになった。」このとき、彼は「数学の最高の使命は無秩序の中に秩序を発見すること」であると直覚した。彼の数学者としての問題解決能力と、内面にある〝アノミーへの恐怖〟の克服とが結合し、彼の数学はここに世界の圧倒的な無秩序の知的克服という深い内的欲求に支えられることとなる。

創造性の開花は迅速であった。彼はルベーグ積分を拡張し、ギッブズの統計力学の物理学的アイディアと結合させ、まずブラウン運動の理論に取り組み、翌一九二〇年、美しく完全な数学的形式を与えることに成功した。この仕事を米国の数学界に黙殺された彼は、その年の夏ヨーロッパに渡り、秋の国際数学会議までの短期間にベクトル空間について研究し、今日バーナハ空間の名でよばれる一組の完全な公理系をポーランドの数学者バーナハと同時に発見する。しかし物理数学者としての彼は数学のための数学といった観のある自己目的的なこの種の数学に深入りせず、物理学的現実と関連の深いブラウン運動を数学的空間として捉える研究に転じ、この不規則運動の集団的性質の数学像が、微分空間という、バーナハ空間と酷似した一種のベクトル空間としてえられることを発見した。国際的に高い評価をえ、新しい大きな刺戟をうけて帰国した彼は、物理数学が自己の本領であることを自覚した。科学者としての自己確立は一応なしとげられた。彼は物理学や工学の中から提出されてくる問題の中に数学的真理への緒のあることを悟った。彼はＭＩＴの電気工学者の要請をうけて、通信理論を基礎づけるために在来の調和解析(フーリエ級数、フーリエ積分)を一般化し、不規則な変化を取り扱うことのできる「一般化された調和解析」の理論を完成させた。

自己治療としての数学研究

一九二一年の冬、二十七歳の彼は大きな精神的葛藤の中で気管支肺炎になり、一時的な精神錯乱の相を呈した。

当時、彼はＭＩＴ就職のころ経験した失恋から回復し、父の学生であった未来の妻、彼が後に『自伝――サイバネティックスはいかにして生まれたか』の扉に「あなたのもとではじめて自由を知った」と献辞をしるしているマーガレットとの交際をはじめていた。彼女はドイツ系アメリカ人で、「率直で純粋で誠実」な、しっかりした女性であった。しかし二人の交際があまり発展しないうちに、彼の両親が大賛成してしまい、彼をとびこして彼女に行き過ぎた親しみを示した。「求婚は私自身のみのことで、親の権威で私に押しつけることのできる決定であってはならないものであった。それで私はマーガレットに対して関心を示すことがむつかしくなった。」結婚という自立の機会をめぐって再び両親との葛藤が高まった。当時、彼はポテンシャル論を手がけていた。最初は好意を示したMITの教授ケロッグは、理論が完成すると自分の弟子のためにそれを放棄せよと主張し、二人は対立した。彼はこのときはゆずらなかった。彼がその理由を「科学者もまた一個の人間であり、その人間的要求は学問的生活に無限に奉仕しているわけにはゆかない。私はそのころ二十代の末にあり、結婚して、より完全な人間生活を送ることを望みはじめていた」と述べている。当時の彼の問題が、結婚と学者としての地位の確立という、ともに自立にからんだものであることが了解されよう。彼は若い秀才たちとの競争が予想される場合には道をゆずるのが常であったが、父の年輩のバーコフやケロッグらの長老には道をゆずらず、激しく争うのであった。あたかも〝父〟が自立のさまたげをするかのように。

このような内面の葛藤をもちながらマーガレットの家を訪れた彼は風邪をこじらせ、その状態でケロッグに会い、半ば錯乱して、自分の業績をすぐにも数学雑誌に掲載するよう主張した。ケロッグとバーコフは激しく怒った。彼は子供のように自棄的になり、父の農場で自己破壊的に激しいウィンター・スポーツをはじめ、家へ帰って倒れた。高熱のもたらす精神錯乱の中で、マーガレットに会いたいという望みや、ハーバードの数学者たちとの争いや、ポテンシャル論の未解決の問題についての不安が交互に立ち現われ、ついには肉体的苦痛と、窓のカーテンのはためきと、未解決の数学問題とが区別できないものとなった。「苦痛が数学的緊張となって現われたのか、数学的緊張が苦痛によって象徴されたのか、どちらとも言いきることはできない。両者は不可分の一体をなしていたからである。しかしながら後になってこのことを考えてみると、殆んど如何なる経験でも、まだ漠然として脈絡のついていない未解決な数学的事態の仮の象徴の役割を演じうることが分ってきた。」(『自伝――サイバネティックスはいかにして生まれたか』、傍点引用者) 彼はこの退行的錯乱状態の中からマーガレットと結婚する決意と、ポテンシャル論とを携えて立ち戻ってくる。ここでは数学的問題が、危機から自力によって脱出するうえでなくてはならない媒介物、いわば自己治療の手段となっている。芸術の中に情緒の客観的相関物 objective correlative(T・S・エリオット)があるべきだとすれば、科学者にとっては科学の中にしばしば個人的問題の客観的相関物がありうるといえよう。

神経症圏の科学者においては、心的危機において精神的に退行を起こし、もうろう状態の中であらゆる問題が混交し、ときには個人的問題解決の知的等価物として科学的問題の解決が行なわれるらしい。そして科学的問題の解決による緊張解消と自信回復が個人的問題の危機的様相を和らげ、その結果、解決をしばらく持ち越し、時期の成熟を待つほどの心の余裕が生じることが考えられる。フロイトのような心理研究者ならばともかく、ウィーナーのような数学者においてもこのような事態の起こることは驚くべきことである。「有能な数学者を特色づける他の何ものにもまして適切な特徴があるとすれば、それは束の間の情緒的象徴を操ってこれから半持続的で思い出すことのできる言語を構成する能力であると思う。」「筋違いのものを除き、適切なものを洗練してゆくのに最もよい時期は、眠りからさめたときのことが多かった。この過程の少なくとも一部分は普通に睡眠とみなされるものであり、夢の形で起こることがあると思う。……幻覚的な実体性をもった催眠的幻影と密接にむすびついているが、その問題自体の意志に多少とも左右される点で幻影と異なるものである。」退行的な夢幻状態や夢の世界、――そこでは全てが出会い、混交し、出口を模索する。数学的象徴もそこではいわば個人的問題を荷電される。一方の解決への努力は、他方の解決への努力とからみ合うのである。

自立・和解・統合

ウィーナーの一個の人間としての内面的自立への道はなお遠かった。一九二六年の結婚にいたる長い期間、彼はあまり恋人と会わず、妹を伴って数回ヨーロッパ旅行をしている。一般に年ごろの妹というものは男性の思春期において恋人の代役をつとめ、異性愛への移行をなだらかにするが、ウィーナーの逡巡はあまりに長い。一九二四年には再びゲッチンゲンを訪れ、調和解析を量子力学に応用し、「かなりいい仕事」をするがこれも放棄してしまう。ようやく三十一歳で結婚した彼は新婚旅行をかねてヨーロッパに出かけるが、ゲッチンゲンに着いた彼を待っていたのは、やっとその目を逃れる喜びにひたっていた当の相手バーコフであった。そのためか、ゲッチンゲン数学の大御所クーラントともまずくなり、どっちつかずの地位に放りだされ、〝神経衰弱〟におちいりそうになった。加えて新妻のあとを追いかけて両親がやってきた。新婚の二人がスイスのホテルに滞在していると、両親は強制的な呼び出しをかけ、両親監視つきの新婚旅行になってしまった。「しかし私は年とともに両親に感情的に深く頼る気持になっていたので、この呼び出しを無視することはできなかった。」父は息子のためにゲッチンゲン大学に直談判におよんだり、プロシアの文部大臣に抗議文を書くよう息子に強いたりした。一九三二年には、父はあるドイツの言語学者と確執を生じ、怒りのあまり彼にもすべてのドイツの数学者との交際を止めさせようとした。彼はこのような父の専制ぶりにうまく対処することができなかった。

このころまでに彼はブッシュと計算機の仕事を進め、ソヴィエトのヒンチン、コルモゴーロフと確率論をめぐって抜きつ抜かれつの競争をし、一般調和解析の仕事を完成、学者としての評価が定まり、リー（李）、池原などの弟子もでき、家庭も落ち着きをみせつつあった。それにもかかわらず彼自身の言によれば、真の「自立の年」はなお晩く、リーに招かれて清華大学教授になるべく日本を経て中国にわたった一九三五年の世界一周の年であり、実に四十一歳のときである。父は一九三二年の交通事故の後にわかに老い込み、卒中を起こし、床についていた。

しかもなぜか、この「自立の年」の翌年、彼は心的危機におちいり、過去の葛藤が生々しくよみがえってきて彼を苦しめた。「再び天才児扱いされた私の昔の教育の緊張と圧迫とがよみがえって私を苦しめた。私は父を愛してはいたが、周りの人たちは、私が結局は父の息子にすぎないのだということを遠慮なく想い起こさせた。……私は自分の生まれや幼いころの教育からくる直接の緊張や圧迫ばかりでなく、それに付随する他の精神的抑圧をもっていた。それは私が、自分は何者であり、何を目指しているかを十分に知るほど社会的に成熟しないうちに、いささか特殊な面から学者生活に入ったことに起因していた。」彼は妻のすすめで精神分析をうけるが、知的創造の動機に触れられると激しい抵抗を示し、分析は中途で放棄される。知的創造は出発点からあくまで内発的だったと彼は主張し、自立の根拠を幼時まで遡ってもとめようとする。この危機からの回復過程について自伝は多くを語らず、彼の内面で何が起こったかは推測するほかはないが、父の老衰と自己の自立達成によって起こったこの危機の中で、彼はおそらくそれまでたえず意識していた父への攻撃の裏に父への〝甘え〟(土居健郎)があることをはじめて自覚し、それによって長年の葛藤を克服し、父との内的和解をなしとげたのではないだろうか。晩年の彼は、忘却されていた父の言語学を救い出して世に広めたのである。

事実、この危機の後、彼にははじめて精神的余裕が生じたようである。すなわち若き日の境界人的否定面が、境界領域の重視という肯定面に転換され、父と争って挫折した生物学への志望が通信工学の手段による生理学、医学への接近という形で復活する。彼の早熟さがもたらした一種の博識や学問的遍歴のかずかずは一つの統合の方向に向かい、サイバネティックスの創建にいたるのである。彼の関心が学問的出発のときから、不確実なもの、非決定的なものにあったことはすでに述べたが、初期の業績における「不確実なものの客観的記述」から大きく転換して「不確実なものへの主体的対処」を目指すようになり、それがサイバネティックスとして結実した(北川敏男)ことは、彼の自立の達成と切り離せない学問的転回ではなかろうか。

サラリーマン学者だった彼の中に、科学者の社会的責任の自覚がうまれた。彼はナチスに迫害された科学者の救出を主唱し、父親のように彼らを保護した。第二次大戦に際してはファシズム打倒の立場から軍に協力したが、戦後は原水爆反対の科学者運動に加わる。彼はサイバネティックスの立場から科学の将来と人類社会の未来を警告的に予言しつつ、数学者としての多産な生活を送った。『サイバネティックス』(一九四八年)、『人間の人間的使用法』(一九五〇年)、『神とゴーレム』(一九六四年)など、これら予見の書とともに、二冊の自伝(『神童あがり』一九五三年、『私は数学者』一九五六年)の存在は彼がようやく個人的過去を過不足なく回顧しうるようになったことを物語っている。

晩年の彼は子供のように妻に甘えた。訪ねていった北川敏男の前で、妻に昼寝をいいつけられて従いながら「ぼく、おりこうさんでしょう」といったという話が伝わっている。一九六四年三月、ストックホルムで、議論をたたかわせながら階段をおりてきた彼は心筋梗塞のため中途で倒れ、そのまま他界した。六十九歳であった。

参照文献

E. Kris: *Psychoanalytic Explorations in Art*, International Universities Press, New York, 1952.

J. Delay: *Névrose et Création, dans Aspects de la Psychiatrie moderne*, P. U. F., Paris, 1956.

N・ウィーナー『人間機械論』(原題『人間の人間的使用法』)、池原止戈夫訳、みすず書房、一九五四年

N・ウィーナー『自伝——天才の生いたち』(原題『神童あがり』)、池原止戈夫訳、鱒書房、一九五六年

N・ウィーナー『サイバネティックスはいかにして生まれたか』(原題『私は数学者』)、池原止戈夫訳、みすず書房、一九五六年

N・ウィーナー『サイバネティックス』第二版、池原止戈夫・弥永昌吉・室賀三郎・戸田巌訳、岩波書店、一九六二年

N・ウィーナー『科学と神』(原題『神とゴーレム』)、鎮目恭夫訳、みすず書房、一九六五年

北川敏男編『情報科学への道』(「情報科学講座」A・一・一)、共立出版社、一九六六年

鎮目恭夫編『機械と人間との共生』平凡社、一九六八年

湯川秀樹・井上健編『現代の科学Ⅱ』(「世界の名著」第六六巻)、ノイマン「人工頭脳と自己増殖」、ウィーナー「科学と社会」など、中央公論社、一九七〇年

森毅『数学の歴史』紀伊國屋新書、一九七〇年

L・S・キュビー『神経症と創造性』土居健郎訳、みすず書房、一九六九年

土居健郎『「甘え」の構造』弘文堂、一九七一年

科学者の精神病理と創造性

ニュートンからウィーナーにいたる六人の科学者の病蹟をもとにそれぞれの気質に応じて科学者の創造性＝知的生産性を精神病理学的に考察してみよう。

分裂病圏の科学者と危機的状況

ニュートンのような分裂病圏の科学者の幼少年時代は、とくに目立つことのないのが普通である。彼らは外圧に対して反抗せず、葛藤の場から遠ざかり、人間的接触を避け、ひとりの世界をつくって遊び、心中深く幻想をあたためている。この型の科学者で、アインシュタインのように、破綻をみせなかった者は、若いときからとくに周到に対人的距離をとり、みずからの過敏さを外界から守っている。

彼らが科学者の道を選ぶのは、なんらかの危機を契機とすることが多い。その危機は、外的危機、とくに現実との距離を脅かすような外的危機であることもある。しかし自己の内面よりの衝迫、とくに青年期における生理的、心理的成熟過程それ自体のもたらす内的な危機が根底にある場合が多い。一般に分裂病発病の危機が、少なからずいわゆる〝青春の危機 Jugendkrise〟の様相を帯びることは指摘されているとおりである。

一般に人間は危機の到来までいわば猶予づけられている状態といいうる。問題を延引したり、回避したり、代替したりすることが可能な存在様式である。しかしひとたび危機が到来すれば、もはや逃げ隠れがきかず、すべての内的資産を動員して、ひとりで世界と対決せざるをえない。彼らは〝世界の中の一人〟ではなく、代理のきかない個我として世界に直面するのである。分裂病圏の人の場合はとくに危機を〝局地化〟する能力に乏しく、危機は容易に全般的危機へと深化する。またこの危機の中で、幼時から秘められていた〝垂直上昇的〟な夢想が抑制を取り去られて噴出してくることが多く、危機はさらに深化される。

この深刻な危機の中で、彼らの多くは現実の中での問題解決を断念する。そしてある者は〝世界の断念〟(ヴィトゲンシュタイン)をバネとし、自己の知的資産を総動員して、一種の知的な〝世界等価物〟の構築を試みようとする。科学者の場合にはしばしば宇宙全体を包括する自己完結的、整合的な抽象的、観念的体系の樹立に向かう。それらの多くはすでに彼らの科学者としての出発点において直観的、無媒介的に発見されるが、その実証は、彼らの全生涯を費やしても足りないことが多い。彼らの危機は容易に彼ら自身の世界全体の危機となり、彼らは世界の全面的超脱を目指し、その結果世界を超脱した視点に立って一つの〝世界等価物〟の建設を試みる。ときにこの超脱性は完璧なものとなり、〝現実に汚されない〃数学や論理学などの自己完結的、整合的世界が目標とされる。世界の一部を扱うような科学は彼らの好みではない。彼らは知的構築をも〃局地化〃する傾向に乏しいといわねばならない。

分裂病の発病に先立つ危機的状況における心理をドイツの精神科医コンラートの『分裂病のはじまり』(一九五八年)に則して眺めてみよう。内的緊張の高まり、何か未知のものが前に立っているという感じに始まり、ときにうつ的、ときに高揚した気分あるいは内的涸渇感などが次第に強度を増し、対象のない不安が高まって〃死の不安〃に近づく。それらの中で不眠不休の努力が行なわれる。努力はもっぱら自己価値を高めるか、逆に破滅的に低下させるという〃垂直的〃方向に限られ、自己価値を高めも低めもしない〃中立的〃行為は不可能となる。この努力は状況の〃のりこえ〃を志向するもので、もしなんらかの〃のりこえ〃に成功すれば、内的緊張は解消に向かい、発病の危機は遠のく。

この心理が、芸術家などの創造的時期の心理に酷似していることは明白である。科学者の場合も本質的には変わらないだろう。しかし全内的資産を動員する〃のりこえ〃の試みは〃決死的跳躍〃である。もし知性の射程が短いか、あるいは試みが遅きに過ぎて分裂病の決定的発病にいたるならば、この試み自体が病的過程からのたえざる擾乱をうけ、病的過程と混交し、妄想と呼ばれるものに転落するのではなかろうか。

ここで、妄想というものが一面では病的過程に深く浸透されながら、他面ではきわめて人間くさい、現代フランスの精神科医エーのことばを借りれば「野心や恐れなど人生の最も傷つきやすい核心的現実」を持ち、しかも知的なことば、しばしば疑似科学的な言語で語られることに注目したい。「妄想の形式はいつも了解不能であり、妄想の内容はいつも了解可能である。」(コンラート) 分裂病者は、彼らを圧倒する異様な世界変容、自己変容的状況に対して、電波、ラジオ、テレビ、放射線など、いつも最新の科学を援用して絶望的な疑似的説明を与えようとする。そして急性錯乱状態からの回復とともに、しばしばそれらの疑似的説明は体系化に向かい、切実さは失われるが、同時に外部からは動かしがたいものとなってゆく。

さて、この分裂病者の妄想と、知的に卓越した分裂病圏の科学者のつくる知的な世界等価物とを区別するものは何であろうか。明らかに妄想の方が個人の日常性、個人の生活史などのからむ人間くさいものである。いかに体系的な妄想といえども個人史的偏奇性があり、その結果、妄想を一つの〝構造〟とみるとき、一般に構造なるものの基本的特性である〝全体性〟、〝変換性〟、〝自己完結性〟(ピアジェ)がそこなわれている。知的な世界等価物の方が、より超脱的、より抽象的、より非現実的である。分裂病の危機という個人的世界全体の危機においては、世界を全的に超脱し、全的に包摂しなければならず、妄想はその試みの挫折の証人ともいいうるのである。いわば分裂病的天才は、分裂病者よりもいっそう遠くへいっそう速く跳ばなければならない。これが、分裂病者がありふれた存在であるのに対し、分裂病圏の天才が稀有である理由の一つであろう。

危機的状況におちいって後は、何かを学習し、あるいは自己の成熟を待つ余裕はない。人は内的資産のぎりぎりの〝現在高〟を試されるのである。多くの分裂病者が発病の切迫とともに不眠不休で絶望的に勉強をはじめるのは、内的資産の貧しさが危機の比較を絶した巨大さに照らし出されて、あまりにありありと見えてしまうからかもしれない。

たとえ最初の危機ののりこえが創造性の開花を見るにいたったとしても、その成功自体がまたあらたな危機をうみだすことになる。成果の発表が対人的距離を喪失する契機となる。賞讃も、批判も、黙殺も、もともと不確かな彼らの自己同一性 identity を動揺させる。着想や発見を盗まれるといった被害妄想や迫害妄想が発展してくることもある。したがって彼らがその創造性を結実させるためには、現実との間に周到な距離をとることが必要であり、また彼らの創造物が現実妥当性をうるためには現実との庇護的な媒介者が不可欠な場合が多い。ニュートンはロックを、カントールはポアンカレを迫害者とみなしたが、他方ニュートンにはバロウやハリー、カントールにはヴァイアーシュトラースやラッセルなど、純粋な支持者もいた。

危機の創造的のりこえの結果として起こる二次的危機が全面的人格崩壊にいたらなくとも、外界から自己をますます強く遮断し、〝内面の祝祭〟に耽り、科学は第二義的地位におとされることになる場合が少なくない。それは妄想型分裂病に酷似した経過となる。晩年のニュートンは聖書の〝暗号解読〟に、カントールは集合論よりも〝シェイクスピアはベーコンなり〟という説に熱中した。このように、分裂病的科学者のある者は、世界全体を包摂する体系を断念し、一つの巨大な謎として現われる世界がそこから解かれるような、隠れた結び目、秘められた鍵を求めて、一見些細な、無意味とさえ思われる事象に熱中することがある。非創造的な分裂病圏科学者にはその例が多い。

躁うつ病圏の科学者と庇護的状況

分裂病圏の科学者と躁うつ病圏の科学者との相違は実に大きい。躁うつ病圏の人のもつ循環気質という気質的特徴は、発想の豊かさ、いきいきとしたイメージ的思考、内発性の高さを保証し、同調性が現世的価値を受容させ、周囲の人との共同作業をみのり豊かなものにする。彼らはまた、仕事にあたって勤勉、几帳面、良心的、徹底的であり、それが極端化すると執着気質(下田光造)などと呼ばれるようになる。以上の点からみて、彼ら躁うつ病圏の科学者は分裂病圏の天才ほどの独自性や飛躍性はないが、より持続的な知的生産性を約束されているようにみえる。分裂病圏の科学者の超人的な天才ぶりの裏には不毛な内的涸渇がある。躁うつ病圏の科学者にはそのような分極性はなく、彼らはいつも現実との豊かな接触を失わない。

しかし当然のことながら躁うつ病圏の科学者は〝永遠の相の下に〟仕事をする分裂病圏の科学者よりもはるかに大きく時代、伝統、状況などの制約をうける。ニュートンなどの場合と異なって、ダーウィンやボーアにとっては知的伝統の家系に生育したことが科学者となるうえで大きな意味をもっている。彼らは実の父や祖父を含む指導者や精神的先達をモデルとして自己を形成し、彼らの与える忠告に従い、彼らの是認によって支持感を味わい、彼らの精神的遺産の継承と発展に努力する。その創造の動機も自立を契機とすることが多い。しかしそれは分裂病圏の人のような超脱的、全面的自立ではなく、社会的、段階的自立、いいかえれば父親に比肩しうる社会人に近づこうとする苦渋な過程である。それは父親を内的に摂取しながらの自立であり、父親への意識されない甘えがあるために、幻想的自立といわれる。したがって創造性を結実させるうえでとくに重要なのは父的な庇護的空間であり、それを喪失すると危機におちいる。逆に、安住しうる空間の発見や創造によって危機の解消、創造性の高揚がもたらされることもある。ダーウィンの場合ささやかな隠棲的空間への定着にとどまり、うつ病よりの脱出は不完全であったが、軽躁的な面のあるボーアにおいては、人格的魅力、発想力、プロデューサー的能力が多くの科学者をひきつけ、開かれた創造的空間がコペンハーゲンの理論物理学研究所として現実化されたのである。

一般に躁うつ病圏の科学者における創造性の解放は深く状況に依存しており、創造性解放の状況が、まさに躁うつ病の発病抑止状況それ自体である。すなわち発病回避の諸条件によって創造性が大きく規定されるといってよいのである。

しかしそれだけにとどまらない。躁うつ病圏の科学者にとってとくに好ましいのは、事実から仮説へ、仮説から実証へ、そして実証から新しい仮説へという科学的実践のダイナミズムを保証するような状況である。

量子力学の建設期に際会したことはボーアにとってきわめて幸運であった。ボーアにおける科学的実践の特徴は、当面の実験的事実、とくに逆説や矛盾から出発し、手持ちの手段でその解決を目指すところにある。このような型の実践が最も生産的なのは、理論が実験的事実に追いつくのにも、実験的事実が理論によって裏づけられるのにも、さほどの時間的間隔を要しない幸福な学問的展開の時期である。ボーアは、過剰な実験的事実が革命的理論の到来を待ちわびている今日の理論物理学の状況においても、逆に理論が実験的事実を離れて独走する場合にも、おそらく現実の彼ほどの力量を発揮しえなかったであろう。

アインシュタインは、一般相対性理論を一気に完成した後、ほとんど四十年間にわたってひとり統一場の理論に取り組み、その完成をみずに世を去っているが、ボーアにとってそれは理解することのできない徒労であった。逆に、〝永遠の相の下に〟仕事をし、「法則が隈なく世界を照らす」ことを求めるアインシュタインには、ボーアが当面の事象の説明のために因果律や連続性といった重要な概念を止揚することは我慢できなかった。気質の相違に基づく二人の論争には決着がつかなかった。

学問の発展が停滞すれば、躁うつ病圏の科学者にとって必要な、現実との緊密で動的な、対話的、弁証法的、相互的関係はそこなわれる。彼らは、分裂病圏の天才、たとえばニュートンやアインシュタインのように、整合性、完全性を導きの糸として実証あとまわしの壮大な仮説的体系を打ち立てることはしない。彼らは現実との交渉の中で漸進的に仕事をする。科学の停滞期には、軽躁的循環気質のうみだす豊かな着想は空転し、執着気質的努力は徒労感をうむのみで、躁うつ病の発病の誘因となるであろう。

ボーアの創造性と量子力学の発展状況との密接な関係は、ダーウィンの創造性とビーグル号による世界周航との間にもみられる。この時期がダーウィンの科学的生涯の礎石となったのはなぜであろうか。『ビーグル号航海記』を読めば、艦が新大陸の海岸をまわり、オセアニア、インド洋をへめぐるにつれて、次々と新しい地理学的、地質学的、動植物学的世界がパノラマのように開けてくる。この状況は、感覚人的ないきいきとした観察を喚起し、その観察に触発されて仮説がうまれ、新しい観察によって再検討され、より発展した仮説に進むというダイナミックな弁証法的過程をうながす状況である。『航海記』の筆致が生気にあふれているのに比べ、『種の起原』の筆致がやや沈うつで単調なのは偶然ではない。航海に出発するときにはライエルやフンボルトの目で世界を眺めたダーウィンが、帰国のときにはまさにダーウィンの目を持っていたのである。しかし帰国後、このような状況から離れたダーウィンは、大著を企画しながら、苦渋な執着性格的努力の中で完成しえず、蔓脚類の分類学に埋没する。『種の起原』の完成には、親友フッカーがダーウィンの高すぎる要求水準に対して断念と自己限定をすすめ、実験などを引き受けて、執着性格的自己矛盾からダーウィンを救出してくれることが必要だったのである。

躁うつ病圏の科学者のつくる世界も彼ら自身と同様にこのような状況依存性、時代や伝統による制約性の刻印をうけている。彼らの仕事は、先人の仕事をうけ、それを発展させたものであり、仕事の成果とともにそのはらむ矛盾や逆説も、次の世代に継承されるような、開かれたものである。たしかに、ときとして彼らも躁的高揚感の中で世界全体を包含する〝大著〟を計画する。しかしそれは世界の内容をその豊かな個別性のままに記述すること、いわば世界の内容を枚挙しつくすことを理想とするものである。分裂病圏の科学者

同　　胞	その他の養育者	知的成熟 ＊ 自己決定の年齢	結　　婚	友　　人
異父同胞へ一方的献身 年少の異父同胞4人	幼時は父方の祖母に育てられる	やや晩い ＊ 24歳ころ	独身	きわめて少ない
姉たちが母代わり 第5子だが事実上長男	母方の叔父が深い影響	晩い ＊ 23歳	30歳 1歳上の従姉	少数の友人と長期にわたる深い交友
姉たちと密接な関係 20歳年長の異母兄2人　事実上長男，弟妹多し		かなり早熟 ＊ 34歳ころ	30歳(？) 親友の婚約者の姉	深い同性愛的交友，しかし多くは破局に終わる
姉に庇護される 9人同胞の末子		やや晩い ＊ 24歳	独身	年少の友人 弟子 服従を要求
弟と共生的関係 姉1人，弟1人	母方の祖母の下で休暇	やや晩い ＊ 18歳	28歳(？) 親友の妹	少年時代の友人たちと深く生涯にわたる交友
姉たちと密接な関係　長男 弟2人(？)妹2人(？)		極めて早い ＊ 28歳	31歳(？) 父の教え子	深い交わりの相手を欠く

↗る期待と，父とは文化的あるいは年齢的にかけ離れた母のあふるるばかりの愛情との間に典型的エディプス状況がつくられている．姉妹との関係はおだやかで濃く，兄弟とはライバル的葛藤をはらみがちである．知的には早熟だが，自立はまさに生涯をかけての闘いである．それとからんで結婚は遅く，しばしば自立への戦いのうえできわめて重要な問題となる．二人ともエディプス状況の正面突破に成功したとは言えない．妻との関係は，ウィーナーの場合，母親に似た依存の対象であり，その関係に埋没してほとんど全く男性との深い友情を知らない．フロイトにおいては妻との関係は比較的淡く，同性愛的な友情が葛藤をはらみつつ繰り返される．

以上の点は，従来の家族研究の結果と合致するものが多く，今後の家族研究に大きな示唆を与えるものである．

表 5 対人関係的背景

	病 圏	父	母
ニュートン	分裂病圏	郷士 生前に死亡	ニュートンの価値は認めなかったが生涯密接な関係 46 歳の時死亡
ダーウィン	躁うつ病圏	厳格な家長 懇切な指導 38 歳の時死亡	ブルジョワ出身 芸術愛好家 8 歳の時死亡
フロイト	神経症圏	落魄した老商人 息子に期待 40 歳のころ死亡	甘やかす母 父より 20 歳年少 晩年まで深い関係
ヴィトゲンシュタイン	分裂病圏	きびしいセルフ・メイド・マン 相続拒否的 24 歳の時死亡	芸術愛好家 亡年不詳
ボーア	躁うつ病圏	温和な家長 懇切な指導 25 歳のころ死亡	ブルジョワ出身 父の教え子 47 歳のころ死亡
ウィーナー	神経症圏	きびしいセルフ・メイド・マン 強引な指導 43 歳のころ死亡	甘やかす母 父と断絶あり 晩年まで深い関係

表からみられるように，分裂病圏の科学者の父との関係は稀薄であるか一方的なものである．母との関係は一般に歪んではいても濃厚といわれているが，ヴィトゲンシュタインの場合は明らかではない．二人とも生涯独身であり，友人もごく少数である．

躁うつ病圏の科学者においては，家族的伝統をになう家長の重さがきわだち，母の影はうすい．彼らは家族的伝統を引き受けることをひとたびはためらいながら，結局みずからの肩にになう．その際同胞(きょうだい)が彼の肩代わりをして，双生児のような関係を結び，彼を庇護したり，彼の自己不確実を補強する．妻は身近から選び，母代わりあるいは友人の延長のような感がある．同性との友情はこれに反して濃密で，彼らはあたかも生涯を少年時代として生きるかのようである．

神経症圏の科学者においては，個性の強い父の息子への挑戦的とも言え↗

危機的状況	創造的状況
思春期における性的同一性や青年期における社会的同一性の動揺を契機とすることが多い．その後も対人的距離の喪失，たとえば批判にさらされることや有名になることが危機を招く．	創造性は自己や世界の危機に触発されるが，仕事の完成には適当な対人的距離，現実との媒介者・保護者が必要．
住みなれた空間の喪失，たとえば故郷・友人からの別離．権威的人間の圧迫．板挟み状況．	創造性は，社会的自立を契機として解放されるが，仕事の完成には，庇護的な空間，仕事を是認し，価値づけてくれる人，苦手な面を引き受けてくれる人の存在が必要．
父母よりの分離独立，職業選択，結婚など自立をめぐる葛藤状況．父母同胞の死，父に似た上司との争いなどが心的葛藤を再燃させる．	学問を自己抑圧の手段として出発することが多いが，重大な葛藤状況を契機に学問が自己解放の手段に転化し，そこで真の自己の主題を発見することが多い．

がいわば世界を一つの式に還元することを目指すのと、それは対照的である。

ところで躁うつ病圏の科学者の業績が、分裂病圏の天才ぶりに比べて一歩をゆずるといった印象が一般にある。たとえばアインシュタインが独力で相対性理論を建設したのに対し、ボーアの原子模型は直接先行する人たちのモデルの部分部分を寄せ集めたものにすぎないという批評がある（ボホナー）。躁うつ病は独創性を阻害するのみだという見解が従来の病蹟学では定説であった。

たしかに躁うつ病圏の科学者は自説の独創性よりもその現実妥当性や先行学説との連続性を重視し、強調する。

表 6　気質と創造性

気　質	例	仕事の特徴
分裂病圏の学者	ニュートン アインシュタイン ヴィトゲンシュタイン など	直観的 体系的 世界超脱的 革命的
躁うつ病圏の学者	フンボルト ダーウィン ボーア など	経験的 感覚的 伝統志向的 漸進的
神経症圏の学者	フロイト ウィーナー など	境界領域の探究 離れた領域の結合

註釈、保留、引用、実例の著しく多い彼らの大作の〝独創性〟はしばしば発見が困難である。創造という概念自体、そもそも〝無よりの創造〟を指し、かつては神のみがなしうることとされていたのが、近代にいたって人間が神の座を占め、天才のなしうるものとなったという事情がある。「往古、すべては混沌であった。ニュートンあれと神がのたもうと、たちまちすべては秩序づけられた」と十八世紀の詩人はうたっている。創造性のモデルにはまず分裂病的天才が選ばれた。躁うつ病圏の人間の独創性は疑いなく存在するが、彼ら自身は独創、創造を目標としないことがしばしばある。彼らの強い限界

性の意識は、〝無よりの創造〟という観念をみずからに許さないのである。

神経症的科学者と葛藤状況

ウィーナーはたしかに天才であるが、同時に小心翼々たるサラリーマンのような俗人でもあるという感想を鎮目恭夫は述べている。フロイトの場合もウィーナーと似ている。たとえば二人とも、念願の結婚を成就するために、職業の志望を変えたり(フロイト)、学者としての自分を早く売り出して生活の安定を得ようとあせっている(ウィーナー)。通念からみれば天才にふさわしくない行動であろう。しかしこのことは、彼らが予断をゆるさない現実の中で葛藤に耐え、現実的に決断し、選択しながら生きてゆく〝生活者〟であることを示している。そのような生活者の自由性と現実性は分裂病圏や躁うつ病圏の科学者にはみられないものである。

そもそも葛藤という見地よりみれば、分裂病圏の人は現実の葛藤の中から全面的に撤退し、外的世界からの距離に依存して危い平衡を維持している。躁うつ病圏の人は自己と一体化しうる庇護的な空間に依存して、葛藤から自己を保護している。もしこの保護が失われれば、執着性格的努力によっていわば盲目的に葛藤をのりきろうとするが、しばしば力つきてうつ病の発病にいたる。あるいは、あたかも葛藤を克服しえたかのように振舞い、躁病に移行することもある。循環気質者は現実同調的であるといわれるが、彼らは葛藤をはらむ現実の中での現実的生活者ではないのである。たとえばラザフォードの研究所に赴くか、デンマークに留まるかという決断に迫られた際のボーアのように、彼らが〝板挟み状況〟という典型的な葛藤状況にとくに弱いことはよく知られている。

このような事態が、精神病圏の科学者の生涯に、一つの運命が自己を貫徹してゆくという感じ、高潔で超俗的な外見を与え、〝天才〟という印象を起こさせる。しかし彼らの身になってみれば、その生き方しか可能でないのである。したがって彼らの生涯を精神病理学のことばを用いて一つの必然として描き出すことがかなりの程度に可能である。ただし若干の相違はあり、分裂病圏の人の方が一つの運命の自己貫徹として叙述しやすく、躁うつ病圏の方が〝状況のことば〟で語りやすい。これに反して、フロイトやウィーナーにおいては彼らの内的自由度の高さや状況に対する相対的自由性のために、彼らの生涯を決定論的に記述すると、人工的な印象をまぬがれないであろう。

したがって神経症圏の科学者論は、社会的、科学史的状況論にゆずらなければならない面が多い。一例をあげれば、フロイトやウィーナーがユダヤ人であることは、彼らの発展のうえでヴィトゲンシュタインとは異なった重要性をもつ。前二者の場合に、われわれがあえてユダヤ人論を試みねばならなかったのもそのためである。

フロイトやウィーナーは、生涯、実にさまざまな神経症的症状につきまとわれている。不安神経症的、強迫症的、恐怖症的、ヒステリー的、心気症的などの症状があり、どれか一つの神経症類型に分類できない複雑な神経症の様相を呈している。しかしひるがえって考えれば、単一神経症は内面の単純性あるいは硬直性と無関係でなく、複合神経症ともいうべき〝豊かな〟神経症は、内面の豊饒性、柔軟性の反映とみることもできよう。またこの二人には自立が大きな問題である。神経症圏の人の自立への試みは、母の愛情をめぐって父と争うという、いわゆるエディプス状況を正面突破して現実原則にいたる道にある。分裂病圏の人が幻想の中への自立、躁うつ病圏の人が幻想をふくむ自立であるのに比し、神経症圏の人の自立の企ては真に現実的自立への企図であり、それゆえにいっそう長く困難な道であっても不思議ではない。事実、二人ともほとんど生涯にわたって父に対する葛藤が続き、自立をめぐって繰り返し父と争ったり、逆に父の老衰や死の際に深い衝撃をうけている。このような時期には単に個々の神経症的症状を示すだけでなく、一時的ながら全面的に精神的退行を起こし、半ば夢幻的なもうろう状態におちいり、外界の印象と内面の事象との区別がつかなくなる。葛藤状況におけるこの全面的退行において非常に注目すべき現象が起こることが彼らの特徴である。

すなわち、このもうろう状態の中で抑圧が解除され、神経症的幻想が奔出してくるのは当然であるが、それと同時に創造的な人間においては知的抑圧も解除される。そして夢幻的意識の中で両者が混交し、ついで個人的葛藤の解決が超個人的な科学的問題の解決にすりかえられ、後者が解決されるとともに退行から回復するという過程をたどるのである。彼らがこの退行の中からたずさえてきた科学的創見は、それまでの彼らのものと質的に異なり、個性の刻印を強くうけたものである。彼らの学問的生涯のうえで、このような時期は決定的な重要性をもっている。

全面的退行という事態は抑圧を取り去り、自由な問題探求の行なわれる〝前意識 Pre-consciousness〟(フロイト、キュビー、クリス)を解放することによって創造性に寄与する。これは精神分析における〝自由連想〟と似た過程である。しかし通常の人間にとって〝自由連想〟は抑圧されていた個人的事件や神経症的幻想の解放にすぎない。フロイトやウィーナーの場合には、科学的問題の抑圧解除が同時に起こるという事実から、その科学的問題もあらかじめ無意識の中に萌芽的形態で存在していたであろうと推測される。さらに科学的問題が個人的葛藤と同時的に抑圧を解除され、両者が混交し、一種のすりかえが起こりうることは、両者が構造的に相似的であることを示唆する。もとより完成された形の科学的問題は個人的葛藤とは次元が異なるものである。しかし明確な形を与えられる前の〝前ゲシュタルト Vorgestalt〟的状態にあっては、両者がきわめて類似した構造をもちうることは、ウィーナー自身の証言するとおりである。

フロイトとウィーナーの科学者としての出発は、それぞれ神経学者、純粋数学者であり、二人とも、初期の仕事に個性の刻印は著しくない。彼らは自己の葛藤の抑圧のために科学を用いており、まさにそのために自己の葛藤と構造的に類似した問題に近づくことができず、創造性が損われていたと考えられる。フロイトの精神分析の発見は、学問の性格上とくにこのような抑圧とのたたかいであり、抑圧がついに打ち破られたとき、彼が「自分の意志に反した」発見のように感じ、「勝利感と敗北感」を同時に味わったと語っているのはまさにそれを裏づけるものといえよう。彼らの科学的問題が退行を契機に完成した形式を一挙にとりえたことも、あらかじめ意識下において早期から育まれ、繰り返し抑圧されながら次第に成熟してきたことを推測させる。

抑圧解除を契機とした発見という性格は、学問自体の中にもその刻印を残している。すなわち、フロイトの発見した無意識や精神－性的《サイコ・セクシュアル》発展史にしても、ウィーナーの好んで扱うランダムな過程にしても、通常の科学者からみれば扱いたくない主題である。一方は内面、他方は外界の、ともに無秩序や混沌にかかわるものである。学問を自己の内面を抑圧する手段としている多くの科学者は、このような主題に近づくとき不安を感じ、避けて通ろうとするであろう。科学が抑圧の手段から自己解放の方法に転化してはじめて、このような問題に開眼し、それに直面する勇気がえられるのではなかろうか。

とくに退行による抑圧解除は、夢にも似た観念やイメージの混交を惹起することによって、ふだんの〝さめた〟科学者意識によっては一つの視野に収まらない、一見かけ離れたものを連結、比較、考量させ、それらの間のかくれた内的関係の発見にみちびく可能性がある。

実際、彼らの学問は、かけ離れたものの間のかくされた関係の発見に向けられているといってよい。精神分析の仕事全体がまさにそのようなものである。フロイトの時代には、神経症は一般にてんかんや失語症のような神経病と考えられていたのである。ウィーナーの業績もそのようなものが多い。彼の最後の仕事の一つは、木星の衛星の運動と脳波との類似性をとらえて、ランダム過程の非線型理論を考察したものであった。

結局、彼らの場合には、幼時から強い神経症的葛藤の中に生き、その抑圧のために科学の道を選ぶが、内的葛藤を抑圧しとおせないような〝葛藤状況〟に際会して退行を起こし、その中で私的な葛藤を公的な科学の問題に置換し、後者の解決によって内的緊張の解消が達成されるのである。これを契機として科学は抑圧の手段という、彼らにとって外的なものから転化して、彼らの内面と深いかかわりのある解放の道となり、客観的にも一つの科学的分野を創始するような大きな知的生産として結実したのである。このような過程をもちこたえるためには内面の柔軟性と強靱性が必要である。分裂病圏や躁うつ病圏の科学者は矛盾をはらむ問題を未解決のままで内面に維持することが不可能に近い。そのためこのような創造過程は神経症圏の科学者独自のものである。ただし科学上の問題解決はあくまで代償的解決であり、個人の問題を決定的に止揚するものではない。それゆえにこそフロイトやウィーナーは生涯神経症症状から完全には脱却できず、それに悩みながら倦まざる努力を科学的実践に注ぎつづけねばならなかったのである。

科学のあゆみを病蹟学の立場から眺めてみると、まず分裂病圏の科学者によって一つの学問の体系が一挙に創始され、躁うつ病圏の科学者はそれを肉づけ、現実化し、発展させたりする。また躁うつ病圏の科学者は科学的伝統の担い手となり、それを次代に継承する役割を果したり、ときには先行する学説や事実を統一して綜合的な学説を編み出す場合もある。神経症圏の科学者のある者は、かけ離れた事実、異なった学問領域を架橋し、相互の連関をさぐる働きをするという印象がある。このように、科学の発展段階とさまざまの気質的特徴との出会いが人を科学へとみちびき、科学の歴史的発展を担う大きな要因の一つとなっているのではなかろうか。この仮説を跡づけることは、なお今後の研究に待ちたい。

参照文献

A. Roe : *The Making of a Scientist*, Dodd Mead Company, New York, 1952.

E. Erikson : *Young Man Luther*, Norton, New York, 1958 (Paperback, 1962).

K. Conrad : *Die beginnende Schizophrenie*, Georg Thieme, Stuttgart, 1958.

J.-P. Weber : *Genèse de l'Œuvre poétique*, Gallimard, Paris, 1960.

W. von Baeyer : *Situation, Jetztsein, Psychose—in Conditio humana*, Springer, Berlin, 1966.

B. Pauleikhoff, hrg. : *Situation und Persönlichkeit*, S. Karger, Basel, 1968.

K・ヤスパース『ストリンドベルグとヴァン・ゴッホ』村上仁訳、創元社、一九五〇年

E・クレッチマー『天才の心理学』内村祐之訳、岩波書店、一九五三年

W・ランゲ＝アイヒバウム『天才——創造性の秘密』島崎敏樹・高橋義夫訳、みすず書房、一九五三年

J・ドレ『ジイドの青春』Ⅰ・Ⅱ・Ⅲ、吉倉範光・尾崎和郎訳、みすず書房、一九五九年

千谷七郎『漱石の病跡』勁草書房、一九六三年

荻野恒一「妄想」(『異常心理学講座』第一〇巻)、みすず書房、一九六五年

飯田真「病蹟学」(笠松章編著『臨床精神医学』改訂版Ⅰ)、中外医学社、一九六六年

A・ミシェル『音楽の精神分析』桜林仁・森井恵美子訳、音楽之友社、一九六七年

「特集・創造と表現の病理」(『精神医学』第九巻第五号)、医学書院、一九六七年

土居健郎『漱石の心的世界』至文堂、一九六九年
内村祐之『天才と狂気』創元社、一九五二年
加賀乙彦『文学と狂気』筑摩書房、一九七一年
L・S・キュビー『神経症と創造性』土居健郎訳、みすず書房、一九六九年
D・C・マックレランド『国民性の心理』望月衛編訳、誠信書房、一九六九年
井上英二「精神分裂病」(井上英二・柳瀬敏幸編『臨床遺伝学』)、朝倉書店、一九六九年
S・フロイト、W・C・ブリット『ウッドロウ・ウィルソン』岸田秀訳、紀伊國屋書店、一九七〇年
宮本忠雄『人間的異常への考察』筑摩書房、一九七〇年
J・ピアジェ『構造主義』滝沢武久・佐々木明訳、クセジュ文庫、白水社、一九七〇年
飯田真・中井久夫「著想・夢・妄想」(『リクルート』第八巻第九号)、一九七〇年
村上仁「分裂病の精神症状論」(『精神病理学論集』I)、みすず書房、一九七一年
土居健郎『「甘え」の構造』弘文堂、一九七一年
加賀乙彦「作家の病蹟」(『現代のエスプリ』第五一号)、至文堂、一九七一年
飯田真「躁うつ病の状況論」(新福尚武編『躁うつ病』)、医学書院、一九七二年

あとがき

雑誌『自然』の編集部から、精神病理学の視点から科学者を分析してみないかという誘いをうけたのはたしか一九六八年の初夏のことであった。

これまで科学者の病蹟学的研究にはみるべきものがなく、また客観的伝記の類いも意外に入手しにくい。科学者としての重要性と信頼できる十分な資料がえられるかどうかの二点から判断して、ようやく分裂病圏、躁うつ病圏、神経症圏からそれぞれ二人ずつ、合わせて六人を選ぶことができた。しかしてんかん圏の科学者を加えることができなかったのは大変残念であった。その後一年有余にわたる資料の収集、検討の時期を経て、雑誌『自然』の一九七〇年一月号から七月号にかけて、ニュートンからウィーナーまでの六人を連載した。この連載をもとにさらに研究を重ね、全面的に改稿したものが本書である。

われわれは、天才の名に幻惑されたり対象を偶像視することなく、できるかぎり客観的な症例研究を目指しつつ、それを基礎にしてわれわれ自身の分裂病、躁うつ病、神経症に関する精神病理学を展開したつもりである。われわれの研究が背後にある多数の臨床経験や科学者の直接的観察によって支えられていることは言うまでもない。本書は精神医学の専門家のみを対象にして書かれたものではないが、あくまでも精神病理学的厳正さを失わないように努力した。

しかし同時にわれわれが対象に選んだ科学者に畏敬と愛着を覚えたことも事実である。個別科学の専門的内容へのわれわれの理解がいかに限られたものにせよ、それはこの傾倒を妨げるものではなかった。精神医学者ならばだれしも経験することであるが、対象に対する愛情なくしては徹底的な症例研究はありえず、またこの愛情が研究の客観性を損うものではない。

精神病理学は人間研究に有力な視点を提供する。しかし従来の病蹟学の対象はほとんど芸術家に限られてきた。今後はその対象を科学者をはじめ未踏の分野に拡げることによって、精神病理学的人間把握はいっそう深化され、いっそう普遍妥当的なものとなりうるのではなかろうか。

もとよりわれわれは一介の精神科医にすぎず、初歩的な思わぬ誤りをおかしているのではないかとおそれている。専門の方々の御教示をいただければ幸いである。

本書の執筆に際しては、ニュートン、ダーウィン、フロイトの章は飯田が、ヴィトゲンシュタイン、ボーア、ウィーナーの章は中井が初稿を書いたが、繰り返し原稿を交換し、討論を行ない、加筆訂正を重ねること二年を経て全体が文字通り共同の仕事といってよいものとなった。

なおフロイトの章については土居健郎氏、ヴィトゲンシュタインの章については安永浩氏の御校閲を仰ぎ、その他東大分院の同僚の方々から多くの示唆と励ましをうけた。

企画から雑誌連載に当たっては『自然』編集部の方々に、現在の形に完成する上では、出版部の皆さんに一方ならぬお世話になった。厚く感謝の意を表する。

一九七一年　盛夏

著　者

補　記(一九七八年九月)

本書の刊行後、内外で出版された多数の文献のうち、主要なものを次に列記する。

H・F・グルーバー『ダーウィンの人間論』江上生子他訳、講談社、一九七七年

P. Roazen: *Brother Animal, The Story of Freud and Tausk*, Penguin Books, 1973.

P. Roazen: *Freud and His Followers*, Allane Lane Penguin Books Ltd., 1976.

マルト・ロベール『精神分析革命』上・下、安田一郎他訳、河出書房新社、一九七六年

S・トゥールミン、A・ジャニク『ヴィトゲンシュタインのウィーン』藤村龍雄訳、TBSブリタ

ニカ、一九七八年

W. Bartley III: *Wittgenstein*, Lippincott, 1973.

G. H. von Wright, ed.: *Ludwig Wittgenstein, Letters to Russell, Keynes and Moore*, Cornell U. Pr., 1974.

アンソニー・ストー『創造のダイナミクス』岡崎康一訳、晶文社、一九七六年

飯田真『精神医学論文集』金剛出版、一九七八年

岩波現代文庫版あとがき㈠

飯田 真

このたび、『天才の精神病理』が「岩波現代文庫」に収められることになり、後書きを記すことになった。私は本書の発刊までの経緯とその後の研究について述べてみたい。

1　発刊までの経緯

病跡学は精神医学的人間理解に他ならず、それが精神医学を志す私の動機の一つであったのだが、「正統的な研究を行ってからにせよ」との恩師の内村祐之先生の教えにしたがって、東大の精神医学教室の伝統である双生児研究室に入った。井上英二先生のご指導で双生児神経症の研究をまとめ、それが私の学位論文となった。程なく笠松章先生の東大分院に移った。分院の神経科では、先生編集の精神医学の教科書の改定企画が進行中であった。この改訂版は精神医学全書と言ってもよいような内容の、大部で二巻にわたるものとなった。私もその企画に参加することになり、病跡学の項目を執筆する機会をいただいた。

この総説は当時の私としては苦心の作で、病跡学の古典的業績(ヤスパース、ランゲ＝アイヒバウム、クレッチュマー)、最近の研究のトピックス(J・ドレイの学説)、日本の諸研究などを展望したものであり、これが私の病跡学研究の出発点となった。病跡学の各論的研究も行いたいと思っていたが、外国留学の機会が訪れ、西ドイツのミュンスター大学でうつ病の状況論の研究に目を開かれて、一九六六年に帰国した。

留学していた三年の間に、日本では病跡学懇話会(後に病跡学会となる)が設立され、病跡学のモノグラフも発刊されつつあった。当時の研究の多くは芸術家が対象で、内容も精神医学的診断に止まっていたので、私は芸術家以外を対象にし、創造過程の力動を研究する夢をいだいていた。

帰国後、東大分院に戻った私を待っていたのが、京都から入局していた中井久夫さんであった。この出会いが私の夢を叶えさせる機縁になった。今振り返ると、中井さんと過ごしたそれからの十年の歳月は私の精神科医の人生の中で学問的に最も充実し、しかも楽しい時間であったように思う。中井さんの協力をえて、雑誌『自然』の編集者、鈴木敏嗣氏のお世話で「科学者の病蹟」を七回にわたって『自然』誌に連載し、書籍編集部の平林敏男氏のお骨折りで「自然選書」の発刊を飾ることになった。

私たちはこれまでほとんど取り上げられなかった科学者についての研究を行ったもので、

その自己形成史をたどり、学問的世界の特徴を把握し、創造性の精神病理を解明することを目指した。私たちの方法はクレッチュマーの気質類型論、躁うつ病・分裂病圏の人には戦後西ドイツで発展した状況論(病前性格—発病状況論)、神経症圏の人にはクリスの創造的退行理論、キュビーの創造性理論などを参考にした。

2　その後の研究

今から回顧すると、本書は当時の病跡学に一つの新しいパラダイムを開き、その後の病跡学の発展に寄与することができたのではないかと思う。私自身もその後、本書から導かれ、いくつかのテーマを研究することになった。

a　精神医学者の精神病理という主題である。精神医学の体系や治療法、治療の対象となる患者選択さえも精神科医の個性や資質に規定されるところが大きい。私ども(松浪、野津、町沢)は、ヤスパースとユングを対照させながら、精神科医へと導いた問題性、精神科医学という学問や日常診療の意味、精神医学の理論や体系、治療技法などの発展の様相、さらには精神医学史に果たした役割などを論じた(飯田真・松浪克文・野津眞・町沢静夫「科学者のパトグラフィー「精神医学者の精神病理」試論」『臨床精神医学』第八巻一号、一九七九年)。

一九九三年には病跡学会で精神療法家の病跡として、森田正馬、フロイト、ユング、サリヴァンを取り上げ、その生き方と治療論が論じられた。

b　科学的天才たちがいずれも現実との媒介者、庇護者に恵まれ、そのおかげで科学者となり、天才的な業績を達成し、人類の知的遺産として社会に伝達されていることから、「創造の媒介者」という主題が導きだされる。分裂病圏では広義の現実との媒介者、躁うつ病圏では庇護的媒介者、神経症圏では創造的対象を許容する媒介者が必要である。その後、町沢は創造の媒介者をさらに共感的役割、エロス的役割、庇護的役割の三型に分け、ルー・アンドレアス＝ザロメがそれぞれニーチェ、リルケ、フロイトに果たした媒介者機能を論じている(町沢静夫「創造活動における媒介者」『岩波講座　精神の科学9』岩波書店、一九八四年)。

c　病的素質をもちながら、創造活動によって発病をまぬかれた天才人の生涯をたどると、発病抑止的状況の分析から不発病の条件が解明され、不発病理論が導かれれば、精神科臨床に役立つ可能性があろう(飯田真「精神科医から見た良寛」『良寛』一二号、考古堂書店・新潟、一九八七年)。

さらには精神医学的には明確な病理性が見出されずに、社会的にも破綻を示さない健康な天才が存在するとすれば、その研究から新しい精神健康概念を問い直すことも可能となろう。

終わりに、中央公論社の雑誌『自然』連載中には鈴木敏嗣氏、「自然選書」発刊に際しては平林敏男氏、今回の岩波書店の「現代文庫」収録に際しては高村幸治、斎藤公孝氏の皆様にお世話になりました。これらの方々に感謝いたします。また、「自然選書」から「現代文庫」への転載を快くご承諾いただいた平林氏のご好意に厚くお礼申し上げます。

岩波現代文庫版あとがき㈡

中井久夫

書物はそれ自身の運命を持つという。

私たちが、ニュートンとボーアの章の原型を医家芸術社、現在の金剛出版の、今はなき小さな随筆誌『医家芸術』に掲載したのが、この本の始まりであった。それは一九六八年のことであったかと思うが、その時には、翌年、その後惜しまれて廃刊された中央公論社の科学雑誌『自然』に七回にわたって連載されたことも、それが「自然選書」の第一回刊行書の一つに選ばれたことも、その後二十年、十数回にわたって版を重ねて新世紀にいたってなお品切れでなかったことも、そして今回、養老孟司氏のかたじけない解説を得て「岩波現代文庫」に収められることも、すべて、おおよそ予想外であった。

私たちは、共に三十歳代であった。とはいえ、飯田はドイツ留学を果たし、「状況論」を私たちにもたらした、れっきとした精神科医、精神病理学者であったが、私は四流の分子生物学者・ウイルス学者から精神科医に転じて三年であったかと思う。当時は、ワトソンがノーベル賞を得た時代で、湯川秀樹が後援し、渡辺格がきらきらしい存在であった京大ウイルス研究所には当時世界で名をなした科学者たちが次々に訪問したり、サバチカル・イヤーの滞在先にここを選んだりしていた。国内的にも俊秀が集まったこの科学者群像との生意気な交流とその観察の記憶が私の持参金であった。

私の向こう意気の強さに、飯田は辟易することも多かったはずだが、彼は先輩風を吹かせるどころか、温容を崩すことなく、私がその原稿に書き込みを加え、訂正することを許し、面白がってさえくれ、おおむねを手直しして採用した。また、雲のように増殖する私の原稿に巧みな刈り込みを加えて、庭師が樹容を整えるように、整った知的公衆向けの論文に仕上げた。分担は奇数番が飯田、偶数番が中井であったが、実際には、世にも稀で、その後は私も経験したことのない文字通りの共同執筆となった。

精神科臨床で多忙ではあったが、当時の私たちには無限の時間があるように思われた。多くは世田谷区赤堤の飯田宅、時には調布市多摩川住宅にあった中井宅で作業が行われた。稀ならず、一方が削除すれば他方が復活を求めるという攻防戦があった。この作業には、テニスにも劣らない「機能快」を伴う知的ゲームの要素があって、あっという間に休みなしの数時間がすぎて、なお心を残しながら、あやうく終電に乗り遅れそうになることもたびたびであった。

編集者も若く、熱意に燃えた人であった。『自然』の担当編集者・鈴木敏嗣氏は「ヴィトゲンシュタイン」の原稿を読んで、内容を一切損なわずに、テニヲハや助動詞を動かして四百字詰め原稿用紙三枚分を削除するために三夜ほとんど徹夜し、胃を損なった。単行本への仕上げは、「自然選書」を発足させる担当編集者・平林敏男氏の努力であり、この選書の装丁に大幅に中井の意見を採り入れてくれた。この装丁は中井のひそかな自慢で、今回文庫に収められる際の唯一の心残りである。

それぞれの本にはその運命がある。この本は幸運であった。精神医学書が世間に氾濫する以前であり、精神医学への異議申し立ての時代でもあった。精神医学的には、科学者を病跡学の対象にする、おそらく世界最初の試みであり、また、一つのパラダイムを病跡学に与えたといっても僭称ではないだろう。一流の科学者にも読まれたのは意外な光栄であった。湯川秀樹の感想が聞こえてきた(それは「ボーアは天才でないよ」というものだった)。朝永振一郎の蔵書目録にもあった。傍線が引かれてあったという。この本を読んで精神科医を志したという声を聞くのは、いささか面はゆい。

今から見れば文献は不十分である。例をヴィトゲンシュタインにとれば、当時の邦訳本は『論理哲学論考』とフォン・ウリクトの伝記だけであった。独英対訳本もラッセルとの往復書簡集が出たばかりであった。ニュートンの錬金術研究もその後に画期的なものが出た。気質論も主にチュービンゲン学派によるものであり、状況論がいささかそれを補完して古めかしさを救っているだろうか。

しかし、改訂することは別の本を書くことであり、三十歳代の著作を七十歳あるいはそれに近い著者が改訂することは事実上不可能であり、また望ましいことかどうか。この本はその後三十年を歩みとおしたことによって、もはや私たちよりも「世界」のほうに属するだろう。敢えて原著のままを新しい読書界に委ねる次第である。

解説

養老孟司

本書は六人の欧米の科学者の病蹟学的な伝記である。欧米の書店では、伝記のコーナーがふつうにあって、政治家からタレント、科学者や探検家など、ありとあらゆる種類の人々の伝記、自伝が置いてある。日本ではそういうものが一般的に少ない。日本人は個性に乏しいから、伝記がつまらないのだという人もある。

政治家が回想録を書くのは、ふつうである。日本でもまれとはいえないであろう。しかしあまり著名なものはない。これにも一流の人物が少ないからだという意見がある。個性的な日本人の伝記といえば、『太閤記』になってしまう。あれ以来、日本に人物はいないのか。

病蹟学では、著名な人物の事跡を精神医学の観点から見直す。その意味からすれば、対象はだれであってもいい。しかしそうした病蹟学の業績も、日本では多いとはいえない。しかし本書のように外国の科学者を扱ったものすらあるのだから、その意味からすれば、もっと業績が多くてもいい。

日本に伝記の類が少なく思えるには、それなりの事情があることは確かである。最大の問題は、まさに『太閤記』以降の時代にあると私は思う。あれ以来、つまり江戸期以降、われわれは「公」のみの世界を作った。それを「世間」と呼んでもいい。人々は世間に属し、その世間のなかの小世間にさらに属す。学会も小世間なら、大学も小世間である。そうした世間に属する人の意見と行動は、つねに世間を意識してなされる。子どもは「なにをしようと勝手だが(私)、世間に迷惑だけはかけるな(公)」と育てられる。この意味での公私の別は、日本の場合、徹底している。

日本人の場合、伝記がつまらない、個性がないとはつまり、行動と意見が世間に制約されるからであろう。なにかを語るにしても、つねに世間でのその地位にあるものとしての発言が要求される。周囲への配慮が、かならず必要なのである。「ともあろうものが」という表現は、その間の事情をよく表現している。たとえ小世間のボスの発言であっても、その発言は小世間の構成員全体の意見を表すものとみなされ、個人の意見とはみなされない。だから「うっかりしたことはいえない」し、できない。ボスになるほど行動も発言もむしろ不自由になるのが、「世間という社会」では一般なのである。

伝記や病蹟を興味深くするもの、それはもちろん個性すなわち「個」である。その意味での個が、江戸以降の日本社会では「公」に認められなかった。滅私奉公、一億玉砕その他もろもろの表現は、そのあたりの事情をきわめて明瞭に示す。勤務時間以降にサラリーマンが行った「個人的」行為も、会社という小世間に対する「大世間」による糾弾の対象となりうる。日本社会の問題点は、よく議論されるような公私の問題ではない。公と個の問題であり、われわれの社会は「公(世間)あって、個(個人)なし」、個が公には認められていない社会だったのである。いまでも相変わらずそうであろう。

そういう社会では、伝記なり病蹟なりが面白くなるはずがない。そもそも個がなければ伝記は成り立たない。「生きている人に配慮して(世間に迷惑をかけずに)」伝記を書いたところで、面白くなりようがないし、事実が不明になるだけなのである。

もちろん本書は右のようなことを考慮して書かれたものではない。しかし日本の精神医学者がなぜ外国の科学者ばかりを対象に、という疑問を持つ人があるだろうから、その間の事情を余計なお世話だが、私が説明したつもりなのである。著者は事例をさまざまな配慮の上で選んだはずである。その配慮の根底にあるものは、そうした世間であろう。日本の学問がいかなる意味でも世間の支配下にあったことを、私はこの歳になって痛感している。まさにマルクスのいうとおり、学問といえども、その社会の影響から逃れられないのである。だから研究対象に外国偉人を選ぶ。

病蹟学はむろん病的な意味を含めて、心理的な側面から人の一生を見ようとする。それとはやや違った見方で、天才の業績を見ようとするのは、脳自体の研究である。わが国でも夏目漱石や浜口雄幸、桂太郎の脳を対象にした研究が古く公表されている。現代では、脳科学の方法の進展もあって、この分野の業績がぼちぼち出されるようになってきた。近年では、アインシュタインの脳を調べた研究もある。もちろん人の脳の研究はまだきわめて不十分であり、こうした物証に基づいて個性自体を探求できるほど、脳の詳細が知られているわけではない。将来的にはしかし、こうした脳研究の結果が、病蹟学的な研究を裏付けるはずなのである。

逆を考える人もあるかもしれない。病蹟学は脳という物証に基づかない以上、科学的ではない。ゆえにいずれ将来は脳研究自体が中心となり、病蹟学は消える。私はそうは思わない。右のような意見そのものが、べつに物証に基づいているわけではないからである。人間は矛盾した存在だと、たいていの人は知っている。知ってはいるが、こうした意見はむしろ科学者からしばしば聞かれる。物証とはある筋書きを確認する「ために」利用できるもので、物証から筋書きがひとりでに出てくるものではない。現代の科学者は一生のあいだ物証を追求するのがふつうだが、「なんのために」そうしているのだと訊かれると、ひょっとするとビックリしたりするのではなかろうか。

日本の精神医学がとくにいわゆる大学紛争以降、二つに割れた歴史があることを、知っている人はよく知っているはずである。両者それぞれに言い分があったから、二つに割れた。その背景には、右のような問題が、さまざまな形で存在していたはずである。

それは医学・生物学の歴史ではままあったことである。たとえば発生学では、前成説と後成説の対立があった。教科書的には後成説の勝利だったが、遺伝子が発生を支配することがわかってきてみると、前成説が誤っていたともいえない。むしろ興味深いのは、医学や生物学における対立が、学問的な対立としては、ずいぶん厳しくなることである。これは医学・生物学の性格に関係していると私は考えている。

一般の常識では、ワトソン、クリックによるDNAの構造決定以来、生物学は物理・化学的な科学に「進歩した」と考える。それはおそらく違っている。生物学はそもそものはじめから情報科学であり、その対象は物理や化学が考える「物質」ではなく、いうならば「情報としての物質」だったのである。十九世紀の医学・生物学の大きな業績のうち、フロイドの仕事が物質科学ではないことは当然としても、メンデルの法則、ダーウィンの自然淘汰説、果てはヘッケルの反復説にいたるまで、いずれも物質に関する法則ではない。それならなんに関する法則かというなら、これらはいずれも情報に関する経験則なのである。ふだんそういわれないから、ふつうの人はそう思っていないだけのことであろう。じつはどれもが、われわれがいまや日常的に情報として知っているものに関する法則としてよく理解できる。単語を構成する文字をバラバラにし、あるいは文章を構成する語をバラバラにし、二つの単語あるいは二つの文章を混ぜてみる。両者は混ざらないのは当然であろう。二つの単語を混ぜたとき、二つの単語の中間の意味の単語が生じる。そんなことを信じる人はいない。たとえばメンデルの法則とは、そのことなのである。情報はまさしく自然淘汰される。情報の世界は淘汰の世界そのものである。それが自然選択説の根拠であろう。学者は論文を書くとき、これまでの先人の業績を「短く、要約して」述べ、最後に自分のささやかな業績を「付け加える」。これがヘッケルの反復説でなくて、なんだというのか。

病蹟学は個人の一生をどう客観的に認識するか、という問題であろう。若いころ、私はそうした視点に興味を持った。いまではしかし、興味が変わった。人の一生よりも、自然そのもののほうが面白い。だから病蹟学よりは、脳科学に興味を持つ。それは個人の好みである。しかしさらにいうなら、もし人の一生を認識しようとする場合、社会を無視することはできない。脳は社会を作る器官で、その機能は社会的に共有されないかぎり、意味を持たないからである。この書物は日本語で書かれている。日本語は典型的な脳機能のひとつだが、それは著者、解説者、読者に共有されている。共有されない部分は、まさにたがいに「わからない」のである。

そこに精神医学のひとつの基礎がある。右の意味でいうなら、病蹟学として個人の生涯を読み取ろうとすることは、その個人の生涯をもう一度、実際の個人の人生とは違う形で、社会つまり脳が「共有しようとする」試みである。そうした試みは、さまざまな形でいつでもありうるし、これからも行われるであろう。それが本書に対する私なりの位置づけなのである。

（解剖学者）

本書は、一九七二年三月に中央公論社より刊行された。

人名索引

ア行

アインシュタイン　Albert Einstein　8, 170, 173, 174, 191, 232, 240, 244
アドラー　Alfred Adler　114, 115, 125, 126
アブラハム　Karl Abraham　125
アリストテレス　Aristotelēs　25, 48
アルキメデス　Archimēdēs　21, 36
アンスコム　G. E. M. Anscombe　152
アンダーソン　Carl David Anderson　192
アンナ　O. Anna　仮名　ブロイアーの患者　112
イェンゼン　Wilhelm Jensen　125
池原止戈夫　226
ヴァイアーシュトラース　Karl Weierstrass　236
ヴァレリイ　Paul Valéry　127, 207
ヴィース　D. Wyss　89
ウィストン　Wiston　30
ヴィトゲンシュタイン　Ludwig Wittgenstein　132-65, 233, 247
——，カール　Karl　父　134, 135, 138, 144
ウィーナー　Norbert Wiener　76, 176, 177, 202-28, 232, 246-52
——，マーガレット　Margaret　妻　221-3, 225, 226, 228
ウィルソン　Thomas Woodrow Wilson　4
ウェジウッド　Josiah Wedgwood　53
ウェーバー　Max Weber　88
ヴォリンガー　Wilhelm Worringer　142
ウォレス　Alfred Russel Wallace　72, 74
ウリクト，フォン　Henryk von Wright　144, 165
エー　Henri Ey　235
エリオット　Thomas Stearns Eliot　127, 223
エリクソン　Erik H. Erikson　4
エンゲルマン　Paul Engelmann

151, 152, 155, 156
オッペンハイマー　John Robert Oppenheimer　188
オルデンブルク　Henry Oldenburg　28, 29, 31

カ 行

カソヴィッツ　Max Kassowitz　111
カフカ　Franz Kafka　6, 136, 158
カンディンスキー　Vasilii Kandinskii　6
カントール　Georg Cantor　164, 165, 236, 237
ギゼラ　Gissela Fluss　フロイトの恋人　109
北川敏男　227, 228
ギッブズ　Josiah Willard Gibbs　220
キャサリーン　Katharine　ニュートンの姪　18, 32
キュビー　Lawrence S. Kubie　249
キュリー　→ジョリオ＝キュリー
キルケゴール　Søren Kjerkegaard　175
キングズリ　Charles Kingsley　210
クーラント　Richard Courant　225
グラント　Robert Edmund Grant　56
クリス　Ernst Kris　249
クリスチアンスン　C. Christiansen　179
クレッチュマー　Ernst Kretschmer　2, 9, 11, 49, 52
ケインズ　Sir John Maynard Keynes　10, 40, 157
ゲーテ　Johann Wolfgang von Goethe　6, 101
ゲーデル　Kurt Gödel　217
ケレンスキー　Aleksandr Fyodorovich Kerenskii　152
ケロッグ　Oliver Kelogg　222, 223
コリンズ　Collins　31
コルモゴーロフ　Andrei Nikolaevich Kolmogorov　226
コンラート　Klaus Conrad　234, 235

サ 行

ザックス　Hans Sachs　125
ザロメ　Lou Andreas-Salomé　110
シェイクスピア　William Shakespeare　93, 237
ジェイムズ二世　James II　37, 39
シェーンベルク　Ignaz Schönberg　109, 110

鎮目恭夫　203, 246
下田光造　51, 180, 237
ジャネ　Pierre Janet　210
シャルコー　Jean Martin Charcot　106-9, 111, 120, 122, 123, 210
シュテーケル　Wilhelm Stekel　125
シュルテ　Walter Schulte　74, 79, 128, 194
シュレーバー　Daniel Paul Schreber　123, 125
ショーペンハウアー　Arthur Schopenhauer　136, 140
ジョリオ＝キュリー　Frédéric Joliot-Curie　192
ショルツ　Franz Scholtz　105
ジョーンズ　Ernest Jones　94, 98, 113
スウィフト　Jonathan Swift　32
ストーリイ嬢　Miss Storey　ニュートンの恋人　18
ストリンドベリ　August Strindberg　3, 6
スミス　Barnabas Smith　13
スラッファ　Piero Sraffa　157
セジウィック　Adam Sedgwick　57, 58, 77
ソフォクレス　Sophoklēs　102

タ 行

ダーウィン　Charles Darwin　9, 48-83, 101, 209, 219, 238, 240, 241
——, エラズマス　Erasmus　祖父　53, 56, 63, 75, 78
——, ロバート　Robert　父　53, 55, 56, 60, 63, 71, 75, 76, 78
——, エマ　Emma　妻　56, 65
——, ジョージ　George　次男　75
——, フランシス　Francis　三男　75
タゴール　Rabīndranāth Tagore　157
チャールズ二世　Charles II　39
ディラック　Paul Adrien Maurice Dirac　192
デカルト　René Descartes　19, 26, 27, 37
デフォー　Daniel Defoe　24
テレンバッハ　Hubertus Tellenbach　51, 180
土居健郎　76, 227
トムソン　Sir Joseph John Thomson　182, 185
トラクル　Georg Trakl　144
トルストイ　Lev Nikolaevich

Tolstoi　207

ナ 行

夏目漱石　6
ナポレオン　Napoléon Bonaparte　97, 106, 111, 204
ニコラウス・クザーヌス　Nicolaus Cusanus　3
ニーチェ　Friedrich Wilhelm Nietzsche　110
ニュートン　Sir Isaac Newton　8-44, 48, 50, 73, 90, 138, 159, 161, 170, 173, 191, 232, 236-8, 240, 245
ノイマン，フォン　Johann Ludwig von Neumann　172, 203-5
ノートナーゲル　Carl Wilhelm Hermann Nothnagel　105

ハ 行

ハイゼンベルク　Werner Karl Heisenberg　170, 174
バーコフ　Georg David Birkhoff　218, 222, 223, 225
パスカル　Blaise Pascal　12, 19, 21, 148, 151
ハックスリー　Thomas Henry Huxley　52, 71, 73, 74, 83
ハーディ　Godfrey Harold Hardy　216
バーナハ　Stefan Banach　209, 220
ハミルカル・バルカス　Hamilcar Barcas　97
ハリー　Edmund Halley　34, 35, 44, 236
バロウ　Isaac Barrow　20-5, 31, 36, 41, 44, 236
ハンス　Hans　仮名　フロイトの患者　124
ハンニバル　Hannibal　97-100
ピアジェ　Jean Piaget　235
ピタゴラス　Pythagoras　138
ピープス　Samuel Pepys　38
ヒルベルト　David Hilbert　216
ビルロート　Albert Christian Theodor Billroth　105
ビンスワンガー　Ludwig Binswanger　88, 110, 115
ヒンチン　Aleksandr Yakovlevich Khinchin　226
フィッツロイ　Robert FitzRoy　59
フェルマ　Pierre de Fermat　21
フェレンツィ　Sándor Ferenczi　114, 123, 125
フッカー　Sir Joseph Dalton Hooker　52, 68, 69, 71-4, 83, 241

フック　Robert Hooke　28, 29, 33-5, 37, 44
ブッシュ　Vannevar Bush　226
ブラームス　Johannes Brahms　135
フランシス　Francis　37
フリース　Wilhelm Fließ　95, 97, 103, 110, 113-5, 117-24
ブリュッケ　Ernst Brücke　87, 101-4, 106, 112, 126
ブルシーロフ　Aleksei Alekseevich Brusilov　145, 148
プルースト　Marcel Proust　207
フレーゲ　Gottlob Frege　138
ブレンターノ　Franz Brentano　102
ブロイアー　Joseph Breuer　110, 112-4, 116, 118-20, 122, 123
フロイト　Sigmund Freud　4, 12, 76, 86-128, 224, 246-52
——, ヤーコプ　Jacob　父　94-8, 100, 104, 105, 119-23
——, ヨハン　Johann　甥　94, 96, 115
——, マルタ　Martha　妻　105, 108-11, 114
——, マルティン　Martin　長男　107, 124
——, オリヴァー　Oliver　次男　124
——, エルンスト　Ernst　三男　124
ブロイラー　Eugen Bleuler　125
ブローエル　Luitzen Egbertus Jan Brouwer　157
フロム　Erich Fromm　95, 114
フロム＝ライヒマン　Frieda Fromm-Reichmann　75, 76
フンボルト　Alexander von Humboldt　58, 61-3, 65, 66, 69, 241
ベーコン　Francis Bacon　48, 237
ペータスン　Aage Petersen　172
ヘフディング　Harald Høffding　178, 179, 195
ヘルツ　Gustav Hertz　137
ベルネイム　Hippolyte Bernheim　111, 112
ヘルムホルツ　Hermann Ludwig Ferdinand von Helmholtz　103
ベルンシュタイン　Bernstein　100
ヘンスロウ　John Stevens Henslow　57-60, 62, 64, 65, 77

ボーア　Niels Henrik David Bohr　77, 170-199, 205, 214, 238-40, 244, 247
——, ハーラル　Harald　弟　176-9, 182, 183, 187, 193-5, 198, 199
——, マルガレーテ　Margarethe　妻　182, 186, 187, 190, 198
ポアンカレ　Henri Poincaré　141, 236
ホイヘンス　Christiaan Huygens　21
ボルツマン　Ludwig Boltzmann　137
ホワイトヘッド　Alfred North Whitehead　218

マ 行

マイネルト　Theodor Meynert　105
マイヤー　Julius Robert von Mayer　103
マセナ　André Masséna　97, 99, 100
マックレランド　D. C. MacClelland　4
マーラー　Gustav Mahler　135
マラルメ　Stéphane Mallarmé　147, 207
マリー・ボナパルト　Marie Bonaparte　110, 111
マルクス　Karl Marx　89, 90
マルサス　Thomas Robert Malthus　49
ミナ　Minna Bernays　109-11
ミューラー　Fritz Müller　74
ミルトン　John Milton　57
メビウス　Paul Julius Möbius　1, 2
メルセンヌ　Marin Mersenne　27
森　毅　216
モンタギュー　Charles Montagu　17, 38, 40, 41, 44

ヤ 行

ヤスパース　Karl Jaspers　3, 5, 90
ユークリッド　Eukleidēs　9, 19, 36, 73
ユング　Carl Gustav Jung　110, 114, 115, 125, 126

ラ 行

ライエル　Charles Lyell　49, 52, 61-4, 69, 72, 241
ライプニッツ　Gottfried Wilhelm, Freiherr von Leibniz　12, 30, 36
ラザフォード　Ernest Rutherford　183-7, 190, 194, 195,

198, 247
ラッセル Bertrand Arthur William Russell 132, 133, 138, 141-5, 147, 151, 153, 155, 208, 216, 217, 236
ラプラース Pierre-Simon Laplace 37
ラマルク Jean Baptiste Pierre Antoine de Monet, Chevalier de Lamarck 48, 56
ランク Otto Rank 114, 125
ランゲ＝アイヒバウム Wilhelm Lange-Eichbaum 2
李 Lee Yuk Wing 226
リエボー Ambroise-Auguste Liébeault 112
リルケ Rainer Maria Rilke 110, 144
リンネ Carl von Linné 50
ルター Martin Luther 4
レオナルド・ダ・ヴィンチ Leonardo da Vinci 4, 203
ロー Anne Roe 4
ロック John Locke 17, 19, 38, 236
ローレンツ Hendrik Antoon Lorentz 181

天才の精神病理

2001年 7月16日　第1刷発行
2022年11月25日　第3刷発行

著　者　飯田《いいだ》 真《しん》　中井《なかい》久夫《ひさお》

発行者　坂本政謙

発行所　株式会社 岩波書店
〒101-8002 東京都千代田区一ツ橋 2-5-5

案内 03-5210-4000　営業部 03-5210-4111
https://www.iwanami.co.jp/

印刷・精興社　製本・中永製本

ISBN 4-00-600057-X　Printed in Japan

岩波現代文庫創刊二〇年に際して

二一世紀が始まってからすでに二〇年が経とうとしています。この間のグローバル化の急激な進行は世界のあり方を大きく変えました。世界規模で経済や情報の結びつきが強まるとともに、国境を越えた人の移動は日常の光景となり、今やどこに住んでいても、私たちの暮らしは世界中の様々な出来事と無関係ではいられません。しかし、グローバル化の中で否応なくもたらされる「他者」との出会いや交流は、新たな文化や価値観だけではなく、摩擦や衝突、そしてしばしば憎悪までをも生み出しています。グローバル化にともなう副作用は、その恩恵を遥かにこえていると言わざるを得ません。

今私たちに求められているのは、国内、国外にかかわらず、異なる歴史や経験、文化を持つ「他者」と向き合い、よりよい関係を結び直してゆくための想像力、構想力ではないでしょうか。

新世紀の到来を目前にした二〇〇〇年一月に創刊された岩波現代文庫は、この二〇年を通して、哲学や歴史、経済、自然科学から、小説やエッセイ、ルポルタージュにいたるまで幅広いジャンルの書目を刊行してきました。一〇〇〇点を超える書目には、人類が直面してきた様々な課題と、試行錯誤の営みが刻まれています。読書を通した過去の「他者」との出会いから得られる知識や経験は、私たちがよりよい社会を作り上げてゆくために大きな示唆を与えてくれるはずです。

一冊の本が世界を変える大きな力を持つことを信じ、岩波現代文庫はこれからもさらなるラインナップの充実をめざしてゆきます。

（二〇二〇年一月）

岩波現代文庫[学術]

G399
テレビ的教養
―一億総博知化への系譜―
佐藤卓己

「一億総白痴化」が危惧された時代から約半世紀。放送教育運動の軌跡を通して、〈教養のメディア〉としてのテレビ史を活写する。〈解説〉藤竹 暁

G400
ベンヤミン
―破壊・収集・記憶―
三島憲一

二〇世紀前半の激動の時代に生き、現代思想に大きな足跡を残したベンヤミン。その思想と生涯に、破壊と追憶という視点から迫る。

G401
新版 天使の記号学
―小さな中世哲学入門―
山内志朗

世界は〈存在〉という最普遍者から成る生地の上に性的欲望という図柄を織り込む。〈存在〉のエロティシズムに迫る中世哲学入門。〈解説〉北野圭介

G402
落語の種あかし
中込重明

博覧強記の著者は膨大な資料を読み解き、落語成立の過程を探り当てる。落語を愛した著者面目躍如の種あかし。〈解説〉延広真治

G403
はじめての政治哲学
デイヴィッド・ミラー
山岡龍一
森　達也　訳

哲人の言葉でなく、普通の人々の意見・情報を手掛かりに政治哲学を論じる。最新のものまでカバーした充実の文献リストを付す。〈解説〉山岡龍一

2022. 11

G409
普遍の再生
―リベラリズムの現代世界論―
井上達夫

平和・人権などの普遍的原理は、米国の自国中心主義や欧州の排他的ナショナリズムにより、いまや危機に瀕している。ラディカルなリベラリズムの立場から普遍再生の道を説く。

G410
人権としての教育
堀尾輝久

『人権としての教育』(一九九一年)に「「国民の教育権と教育の自由」論再考」と「憲法と新・旧教育基本法」を追補。その理論の新しさを提示する。〈解説〉世取山洋介

G411
増補版 民衆の教育経験
―戦前・戦中の子どもたち―
大門正克

子どもが教育を受容してゆく過程を、国民国家による統合と、民衆による捉え返しとの間の反復関係(教育経験)として捉え直す。〈解説〉安田常雄・沢山美果子

G412
「鎖国」を見直す
荒野泰典

江戸時代の日本は「鎖国」ではなく「四つの口」で世界につながり、開かれていた――「海禁・華夷秩序」論のエッセンスをまとめる。

G413
哲学の起源
柄谷行人

アテネの直接民主制は、古代イオニアのイソノミア(無支配)再建の企てであった。社会構成体の歴史を刷新する野心的試み。

岩波現代文庫［学術］

G414
『キング』の時代
―国民大衆雑誌の公共性―
佐藤卓己

伝説的雑誌『キング』――この国民大衆誌を分析し、「雑誌王」と「講談社文化」が果たした役割を解き明かした雄編がついに文庫化。〈解説〉與那覇潤

G415
近代家族の成立と終焉 新版
上野千鶴子

ファミリィ・アイデンティティの視点から家族の現実を浮き彫りにし、家族が家族であるための条件を追究した名著、待望の文庫化。「戦後批評の正嫡 江藤淳」他を新たに収録。

G416
兵士たちの戦後史
―戦後日本社会を支えた人びと―
吉田裕

戦友会に集う者、黙して往時を語らない者……戦後日本の政治文化を支えた人びとの意識のありようを「兵士たちの戦後」の中にさぐる。〈解説〉大串潤児

G417
貨幣システムの世界史
黒田明伸

貨幣の価値は一定であるという我々の常識に反する、貨幣の価値が多元的であるという事例は、歴史上、事欠かない。謎に満ちた貨幣現象を根本から問い直す。

G418
公正としての正義 再説
ジョン・ロールズ
エリン・ケリー編
田中成明
亀本洋
平井亮輔訳

『正義論』で有名な著者が自らの理論的到達点を、批判にも応えつつ簡潔に示した好著。文庫版には「訳者解説」を付す。

2022.11

岩波現代文庫[学術]

G419
新編 つぶやきの政治思想
李静和

秘められた悲しみにまなざしを向け、声にならないつぶやきに耳を澄ます。記憶と忘却、証言と沈黙、ともに生きることをめぐるエッセイ集。鵜飼哲・金石範・崎山多美の応答も。

G420-421
ロールズ 政治哲学史講義(Ⅰ・Ⅱ)
ジョン・ロールズ
サミュエル・フリーマン編
齋藤純一ほか訳

ロールズがハーバードで行ってきた「近代政治哲学」講座の講義録。リベラリズムの伝統をつくった八人の理論家について論じる。

G422
企業中心社会を超えて
—現代日本を〈ジェンダー〉で読む—
大沢真理

長時間労働、過労死、福祉の貧困……。大企業中心の社会が作り出す歪みと痛みをジェンダーの視点から捉え直した先駆的著作。

G423
増補 「戦争経験」の戦後史
—語られた体験/証言/記憶—
成田龍一

社会状況に応じて変容してゆく戦争についての語り。その変遷を通して、戦後日本社会の特質を浮き彫りにする。〈解説〉平野啓一郎

G424
定本 酒呑童子の誕生
—もうひとつの日本文化—
高橋昌明

酒呑童子は都に疫病をはやらすケガレた疫鬼だった——緻密な考証と大胆な推論によって物語の成り立ちを解き明かす。〈解説〉永井路子

2022. 11

G425
岡本太郎の見た日本
赤坂憲雄

東北、沖縄、そして韓国へ。旅する太郎が見出した日本とは。その道行きを鮮やかに読み解き、思想家としての本質に迫る。

G426
政治と複数性
―民主的な公共性にむけて―
齋藤純一

「余計者」を見棄てようとする脱-実在化の暴力に抗し、一人ひとりの現われを保障する。開かれた社会統合の可能性を探究する書。

G427
増補 エル・チチョンの怒り
―メキシコ近代とインディオの村―
清水透

メキシコ南端のインディオの村に生きる人びとにとって、国家とは、近代とは何だったのか。近現代メキシコの激動をマヤの末裔たちの視点に寄り添いながら描き出す。

G428
哲おじさんと学くん
―世の中では隠されているいちばん大切なことについて―
永井均

自分は今、なぜこの世に存在しているのか？友だちや先生にわかってもらえない学くんの疑問に哲おじさんが答え、哲学的議論へと発展していく、対話形式の哲学入門。

G429
マインド・タイム
―脳と意識の時間―
ベンジャミン・リベット
下條信輔
安納令奈 訳

実験に裏づけられた驚愕の発見を提示し、脳と心や意識をめぐる深い洞察を展開する。脳神経科学の歴史に残る研究をまとめた一冊。〈解説〉下條信輔

2022.11

岩波現代文庫［学術］

G430
被差別部落認識の歴史
―異化と同化の間―
黒川みどり
差別する側、差別を受ける側の双方は部落差別をどのように認識してきたのか――明治から現代に至る軌跡をたどった初めての通史。

G431
文化としての科学／技術
村上陽一郎
近現代に大きく変貌した科学／技術。その質的な変遷を科学史の泰斗がわかりやすく解説、望ましい科学研究や教育のあり方を提言する。

G432
方法としての史学史
―歴史論集1―
成田龍一
歴史学は「なにを」「いかに」論じてきたのか。史学史的な視点から、歴史学のアイデンティティを確認し、可能性を問い直す。現代文庫オリジナル版。〈解説〉戸邉秀明

G433
〈戦後知〉を歴史化する
―歴史論集2―
成田龍一
〈戦後知〉を体現する文学・思想の読解を通じて、歴史学を専門知の閉域から解き放つ試み。現代文庫オリジナル版。〈解説〉戸邉秀明

G434
危機の時代の歴史学のために
―歴史論集3―
成田龍一
時代の危機に立ち向かいながら、自己変革を続ける歴史学。その社会との関係を改めて問い直す「歴史批評」を集成する。〈解説〉戸邉秀明

2022.11

岩波現代文庫［学術］

G435
宗教と科学の接点
河合隼雄
「たましい」「死」「意識」など、近代科学から取り残されてきた、人間が生きていくために大切な問題を心理療法の視点から考察する。〈解説〉河合俊雄

G436
増補 軍隊と地域
―郷土部隊と民衆意識のゆくえ―
荒川章二
一八八〇年代から敗戦までの静岡を舞台に、矛盾を孕みつつ地域に根づいていった軍が、民衆生活を破壊するに至る過程を描き出す。

G437
歴史が後ずさりするとき
―熱い戦争とメディア―
ウンベルト・エーコ
リッカルド・アマデイ訳
歴史があたかも進歩をやめて後ずさりしはじめたかに見える二十一世紀初めの政治・社会の現実を鋭く批判した稀代の知識人の発言集。

G438
増補 女が学者になるとき
―インドネシア研究奮闘記―
倉沢愛子
インドネシア研究の第一人者として知られる著者の原点とも言える日々を綴った半生記。「補章　女は学者をやめられない」を収録。

G439
完本 中国再考
―領域・民族・文化―
葛兆光
辻康吾監訳
永田小絵訳
「中国」とは一体何か？　複雑な歴史がもたらした国家アイデンティティの特殊性と基本構造を考察し、現代の国際問題を考えるための視座を提供する。

2022. 11

G440
私が進化生物学者になった理由
長谷川眞理子
ドリトル先生の大好きな少女がいかにして進化生物学者になったのか。通説の誤りに気づき、独自の道を切り拓いた人生の歩みを語る。巻末に参考文献一覧付き。

G441
愛について
―アイデンティティと欲望の政治学―
竹村和子
物語を攪乱し、語りえぬものに声を与える。精緻な理論でフェミニズム批評をリードしつづけた著者の代表作、待望の文庫化。〈解説〉新田啓子

G442
宝塚
―変容を続ける「日本モダニズム」―
川崎賢子
百年の歴史を誇る宝塚歌劇団。その魅力を掘り下げ、宝塚の新世紀を展望する。底本を大幅に増補・改訂した宝塚論の決定版。

G443
新版 ナショナリズムの狭間から
―「慰安婦」問題とフェミニズムの課題―
山下英愛
性差別的な社会構造における女性人権問題として、現代の性暴力被害につづく側面を持つ「慰安婦」問題理解の手がかりとなる一冊。

G444
夢・神話・物語と日本人
―エラノス会議講演録―
河合隼雄
河合俊雄訳
河合隼雄が、日本の夢・神話・物語などをもとに日本人の心性を解き明かした講演の記録。著者の代表作に結実する思想のエッセンスが凝縮した一冊。〈解説〉河合俊雄

2022.11

岩波現代文庫［学術］

G445-446
ねじ曲げられた桜（上・下）
―美意識と軍国主義―
大貫恵美子

桜の意味の変遷と学徒特攻隊員の日記分析を通して、日本国家と国民の間に起きた「相互誤認」を証明する。〈解説〉佐藤卓己

G447
正義への責任
アイリス・マリオン・ヤング
岡野八代
池田直子 訳

自助努力が強要される政治の下で、人びとが正義を求めてつながり合う可能性を問う。ヌスバウムによる序文も収録。〈解説〉土屋和代

G448-449
ヨーロッパ覇権以前（上・下）
―もうひとつの世界システム―
J.L.アブー＝ルゴド
佐藤次高ほか訳

近代成立のはるか前、ユーラシア世界は既に一つのシステムをつくりあげていた。豊かな筆致で描き出されるグローバル・ヒストリー。

G450
政治思想史と理論のあいだ
―「他者」をめぐる対話―
小野紀明

政治思想史と政治的規範理論、融合し相克する二者を「他者」を軸に架橋させ、理論の全体像に迫る、政治哲学の画期的な解説書。

G451
平等と効率の福祉革命
―新しい女性の役割―
G.エスピン＝アンデルセン
大沢真理監訳

キャリアを追求する女性と、性別分業に留まる女性との間で広がる格差。福祉国家論の第一人者による、二極化の転換に向けた提言。

2022.11

岩波現代文庫［学術］

G452
草の根のファシズム ―日本民衆の戦争体験―
吉見義明

戦争を引き起こしたファシズムは民衆が支えていた――従来の戦争観を大きく転換させた名著、待望の文庫化。〈解説〉加藤陽子

G453
日本仏教の社会倫理 ―正法を生きる―
島薗進

日本仏教に本来豊かに備わっていた、サッダルマ(正法)を世に現す生き方の系譜を再発見し、新しい日本仏教史像を提示する。

G454
万民の法
ジョン・ロールズ
中山竜一訳

「公正としての正義」の構想を世界に広げ、平和と正義に満ちた国際社会はいかにして実現可能かを追究したロールズ最晩年の主著。

G455
原子・原子核・原子力 ―わたしが講義で伝えたかったこと―
山本義隆

原子・原子核について基礎から学び、原子力への理解を深めるための物理入門。予備校での講演に基づきやさしく解説。

G456
ヴァイマル憲法とヒトラー ―戦後民主主義からファシズムへ―
池田浩士

史上最も「民主的」なヴァイマル憲法下で、ヒトラーが合法的に政権を獲得し得たのはなぜなのか。書き下ろしの「後章」を付す。

2022. 11

G457

現代《いま》を生きる日本史

須田 努
清水克行

縄文時代から現代までを、ユニークな題材と最新研究を踏まえた平明な叙述で鮮やかに描く。大学の教養科目の講義から生まれた斬新な日本通史。

2022. 11